変貌する未来
世界企業14社の次期戦略

クーリエ・ジャポン編

講談社現代新書
2625

はじめに

新型コロナウイルスのパンデミックは、私たちの社会を大きく変容させた。ワクチンの接種が進み、以前のような日常が戻ってきたとしても、コロナ禍に起きた変化が社会に深く刻みこまれたのは事実だ。デジタルシフトが進み、新しい働き方が広がったという側面もあれば、格差がより拡大したという指摘もある。自宅で過ごす時間が増え、人生観が変わった人もいれば、政府を見る目が変わった人もいるだろう。

海外の優れた記事を厳選するシリーズの前著『新しい世界　世界の賢人16人が語る未来』では、コロナ禍を発端に、経済格差や環境問題、資本主義の限界など、人類共通の課題に国際社会が連携して取り組むことの重要性を認識させられたいま、世界の知識人たちが世界の今後をどのように見据えているかを取り上げた。経済学者から歴史学者、哲学者まで幅広い分野の賢人たちが考える展望を紹介した。

第2弾となる本書が取り上げるテーマは、世界企業である。

いまや巨大企業の経済活動に国境は存在しない。急激に成長し、富を集中させているだけでなく、私たちの生活を大きく規定しているという意味でも、各国政府以上に大きな存在感を有している。スマートフォンやSNSが登場した頃に漂っていた、テクノロジーが世界をより良いものにする、といった空気は一変し、近年ではその脅威論に触れる機会のほうが多い。

各国政府も巨大テック企業への規制を強めている。欧州ではデジタル課税の導入や個人データの保護規制の強化が進み、米国においても独占禁止法違反の疑いでグーグルが提訴されるなど、その地位を崩さんとする動きが顕著になっている。

前著でインタビューを掲載したイスラエルの歴史学者ユヴァル・ノア・ハラリは、オランダの歴史学者ルトガー・ブレグマンとの対談のなかで、「コロナ後の世界の最大の課題」について、こう自身の認識を語っている。

「テクノロジーに対する不安は、気候変動よりもはるかに大きい。なぜなら、テクノロジーさえうまく管理できれば、それが気候変動の問題も解決してくれるからです。逆に、テクノロジーの管理に失敗すると、気候変動への対処はますます難しくなる。気候変動には、まだ少しの時間的猶予がある。それに対し、テクノロジーの変化はもっと速い。（中略）

気候変動を乗り越えるためではなく、人類を奴隷化するためにテクノロジーが使われることになるのではないか。私が何よりも憂慮するのはそのことです」

ハラリの述べるとおり、テクノロジーは活用の方向性次第で人類共通の課題を解決する救世主のような存在にも、脅威的な存在にもなりうる。最先端のテクノロジーを駆使して事業を展開する世界企業が何を考えているのか、どこに向かおうとしているのか、といったことを知らなければ、これからの世界がどんなものになるのか、未来像を描くことすらできなくなっているのである。

本書では、世界の主要メディアから厳選された記事だけを翻訳・掲載するオンラインメディア「クーリエ・ジャポン」から、世界的に大きな影響力を持つ14の企業のCEOインタビューや分析記事を「ビッグテックはどこへ向かうか」「新しい潮流」「国際企業が見る世界」といったテーマ別に収録した。GAFAM（ガファム）をはじめ、宇宙、エンタメ、モビリティ、医療、エネルギーなど多岐にわたる分野の、レガシー企業から新興企業までを取り上げている。また、気候変動に立ち向かうクリーンテックの動向を追った記事も最後に掲載した。

海外の経済メディアを読んでいると、ジャーナリストが継続して取材を続け、信頼を勝ち得たからこそ取れる貴重なインタビューや、数ヵ月にわたって内部関係者を入念に取材した調査報道などがあり、その深く切り込んだ内容に唸らされることも少なくない。

グーグルやアップルのＣＥＯが自らの口で語ったビジョンはどのようなものか。新型コロナワクチンを驚くべき速度で開発し、世界を救ったビオンテックの創業者夫妻が次にめざすのはどんな世界か。そして、ハラリが指摘するようにテクノロジーを使って環境問題に取り組む企業の展望はどんなものなのか。

未来を加速させる世界企業の戦略を読み解くことで、コロナ後の世界の輪郭が浮かび上がってくるはずだ。

クーリエ・ジャポン編集部

目次

第１章　ビッグ・テックはどこへ向かうか

フェイスブック
ザッカーバーグCEO「５年後のロードマップ」

「現代社会の問題のひとつは機会が平等でないこと」

Photo : George Frey/Bloomberg via Getty Images

« EXCLUSIF. Les confidences de Mark Zuckerberg » Le Point 19/9/25, Text by Guillaume Grallet

「【独占】フェイスブックCEOマーク・ザッカーバーグの告白」COURRIER JAPON 20/1/24

Facebook　２００4年に、マーク・ザッカーバーグとエドゥアルド・サヴェリンによって創業されたソーシャル・ネットワーキング・サービス提供企業。本拠はアメリカ・カリフォルニア州メンローパーク。実名を登録することに特徴があり、現在は世界で約28億人が利用する。

グループ会社に、インスタグラム（Instagram）、ワッツアップ（WhatsApp）を持つ。ＶＲゴーグル、「Oculus Quest 2」も開発する。２０２０年の年間売上高は、８５９・６億ドル。営業利益は、３２６・７億ドル。売上高の98％が広告収入に依存。

世界で約25億人（インタビュー当時）以上が利用するソーシャルメディア「フェイスブック」。２００４年の設立以来、利用者を着実に増やし、強大になりすぎて解体論まで飛び出している同社の共同創業者で会長兼ＣＥＯのマーク・ザッカーバーグに、フランスメディア「ル・ポワン」が独占インタビューした。

テクノロジーとコミュニケーションを交差させる

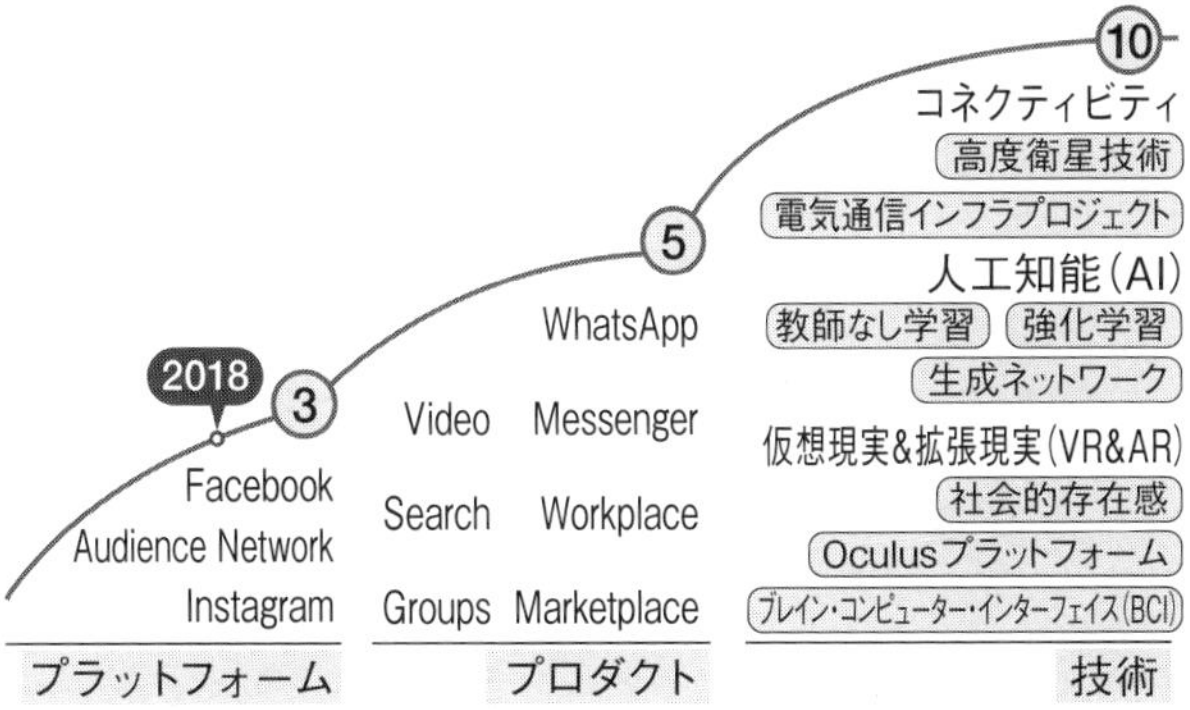

(Facebook発表資料より)

フェイスブックのロードマップ

——AR（拡張現実）やVR（仮想現実）によって人間の知覚は変わるとお考えですか？

ザッカーバーグ　僕がいつも重視してきたのは、テクノロジーとコミュニケーションを交差させることです。

ハーバード大学にいたころは心理学を専攻していました。といっても長くはいなかったんですが（笑）。ずっと興味があったのは、他者とコミュニケーションするときに大脳皮質がどう機能しているかってことでした。

たとえば大脳皮質の視覚野では、感情や人間同士の関係性を読み取っています。あなたの眉毛が1ミリ動けば、僕は新たな感情を捉えてすぐ気づきます。僕の息づかいが変われば、あなたも同じように気づくでしょ。

あとは、「ミラーニューロン」っていうのがあって、それはいま起きていることに関心を寄せながら、周囲の人々に感情移入しようとするものです。

でも、そういう役割を果たすテクノロジーはまだありません。テクノロジーはあくまでスマートフォン中心で、基本的にそのスマートフォンに入るアプリや機能のために設計されています。僕が改善したいのは、まさにそこなんです。

さらに「人と人を近づける」テクノロジー

——そうした取り組みで、「フェイスブック」はどんな違いを生み出せるのでしょうか？

ザッカーバーグ　フェイスブックの使命は、人々に「声」を与えること、すべての人にコミュニティづくりの力を持たせること、もっと言えば、人と人を近づけることです。僕たちは、そういう欲求に応えるようなテクノロジーを作ることをめざしています。

これまで僕たちは世界で最も利用されるアプリを作って、それを実現してきました。これらのアプリ（フェイスブック、ワッツアップ、インスタグラム）の共通点は何でしょうか？　まさに「人と人を近づけること」です。

そして、また次の段階へ進む時期が来ています。

——というと？

ザッカーバーグ　情報技術の新しいツールは、15年ごとに登場しています。パソコンが一気に普及した頃を覚えていますか？　多くはWindowsを利用するためでした。

ブラウザについても同じです。どこのパソコンからもインターネットができるようになりました。現在はさらにモバイルになっています。

まもなくARとVRの時代が来るでしょう。テクノロジーは、ある場所に居合わせることや、周囲の人々とお互いに交流することを可能にします。いまのスマートフォン上の他人には「実在感」がありません。でもVRやARがあれば、もっと身近に関わり合えるようになります。

——あなたは、「CTRL-labs」社の買収を発表しました。脳の信号を読み取るリストバンドを作るニューヨークの企業です。

ザッカーバーグ　そのリストバンドで、情報をさらに自然に扱えるようになります。僕たちの脳は1秒間に1テラバイト、つまり40分間の高画質映像に相当するデータをつくれます。

だから重要なのは、人間がもっとスムーズに自分を表現できるプラットフォームを作ることなんです。

テクノロジーで不平等をなくすには？

——現代社会の問題の一つは、「不平等の拡大」です。あなたの愛読書『最底辺のポートフォリオ』でまさに語られていますね。プリンストン大学出版局から出ている本で、地球上の半数の人々が一日あたり2ドル以下で生活していることを明らかにしました。

ザッカーバーグ　現代社会の最大の問題の一つは、才能は世界中に平等に分け与えられているのに、その機会が平等でないことです。

都会に住んでいる人と、田舎に住んでいる人のあいだにも不平等があります。世界中の大半の国々では、良い仕事を見つけようと思ったら、大都市に引っ越さなければなりません。それによって不動産の高騰が生まれてしまっています。

そこで、新しい移動ツールについてはもちろん考えていくことになるでしょう。ですが同時に、「ビット」のほうが「アトム」よりも速く移動することはいまも変わらない事実です（MITメディアラボの創設者として知られるニコラス・ネグロポンテは『ビーイング・デジタル』のなかで、情報の移動手段「ビット」と物理的な移動手段「アトム」を区別した）。

働きたい場所で働けるようにするべきです。僕たちが開発している「Oculus Quest」のような装置は、〝テレポーテーション〟を可能にします。僕が生きたいのは、そういう世界です。誰もが同じ可能性をもっていて、出身地によってハンデを負うことがないような世界です。

５年後を見据えて

——巨大テック企業は、あまりにも権力を持ちすぎているという批判の声があります。ヘイトスピーチや、ディープフェイクのような動画や、外国の選挙への介入などを食い止めるために充分な対応をしていないと非難されていますが？

ザッカーバーグ　僕たちはそうした問題の一部は乗り越えてきたと思っています。多くの問題に関して進歩がありました。

ですが一般の人々が僕たちにもう一度信頼を寄せてくれるためには、もう少し時間が要るでしょう。それは当然だと思います。僕たちに巨大な責任があることは理解しています。

僕らは実際にすごく便利なサービスを作ってきたので、自分たちの仕事は間違っていないという確信は持ちつづけたいです。ですが、多くの問題について責任を果たさねばならないこともわかっています。

５年後には、僕たちは「開拓者だった」「問題解決が進んだ」と言ってもらえるようになりたいです。

好奇心に基づいた「自立学習」が鍵

——2年前（2017年）、あなたはアラスカで夏休みをとりましたね。そのときベーシック・インカムについて賛成を表明しました（アラスカではベーシック・インカムに近い制度がある）。誰もがAI時代を生きられるように、新たな仕事のための研修が必要な人たちを支援すべきだと。

子供たちについては、この現代に何を教えるべきだと思っていますか？

ザッカーバーグ　好奇心です。世界はものすごいスピードで変化していて、新しいものが常に出てきているからです。

——そのほかには？

ザッカーバーグ　僕と妻のプリシラは、未来の教育に関する非営利プロジェクトを通じて投資しています。

僕たちが重視しているのは、「自立学習」ないし「自主学習」と呼ばれているような個人に合わせた教育です。

クラスのなかで着席して授業を受ける学生と、自ら遊んで実験して物事を理解できるような学生とは、分けて考えるべきです。そういった区別が、おそらくこれからは世界中の教育システムで重視されていくのではないでしょうか。
たとえばレーザーで戦うとか、ピンポンやダーツとか、誰もが遊べるゲームをＶＲで作るために、超優秀なプログラマーは必要ありません。自分でゲームを作って、友達を誘って、一緒に遊べる。エキサイティングじゃないですか！

ＶＲ×「ディープフェイク」は危険では？

――あなたは学生時代、ローマ皇帝アウグストゥスやその時代の詩人・ウェルギリウスの『アエネイス』に影響を受けたそうですが、テクノロジーは歴史の知識も伝えられるでしょうか？

ザッカーバーグ　ＶＲ（仮想現実）を使えば、実際に行きにくい、さらには行けない場所にも行けるようになります。歴史を再構成しながら、芸術史上の事件から架空のシナリオまで、そのなかに潜り込むことが可能になるでしょう。
とりわけＶＲは外科医を養成したり、難民の日常を知ったりするには、非常に便利なものです。同じように、歴史的人物の人生を生きてみることもできます。

――南カリフォルニア大学の情報科学准教授ハオ・リーによると、あと半年後には「ディープフェイク」の判別は不可能になるとも言われています。ＶＲの強みは「没入感」ですが、一方でこうした情報操作を増長させてしまうというリスクはありませんか?

ザッカーバーグ　反対に、人間というものの価値をよりいっそう高めると思います。たとえば、すべての人がウェブ上で自己表現できるようになったことはインターネットの功績の一つです。その一方で、誰かと対面することの意義もまた高まりました。

オンラインで誰かと一緒にいる、その人と交流するのは良いことですが、その相手の顔やジェスチャーを見られるのはもっと良いことです。

さらに、別に都会に住んでいなくても、どこにいてもさまざまな機会に出会えれば、社会の不満もいっそう少なくなります。

ARは未来の携帯、VRは未来のテレビ

――なぜ、すぐにAR（拡張現実）には向かわないのですか? ARのほうが結局はVRよりずっと可能性があると思うのですが……。

ザッカーバーグ　たしかにARのほうが可動的です。VRのヘッドセットをつけたまま路上を歩くことはありませんから。でも言うなればARは未来の携帯電話で、VRのほうは未来のテレビです。両方とも大切なのです。

もちろんテレビを路上に持ち出すことはありません。でも、僕たちが画面を見ている時

間の半分はテレビに費やされているわけです。誓ってもいいですが、ＶＲの役割はあなたが考えているよりもはるかに重要です。

――ですが、いまは多くの人がテレビを見ていません！

ザッカーバーグ　そんなことないです、あなたもモバイル上で見ていますよ！

――ちなみにＡＲコンタクトレンズは15年以内にできそうですか？

ザッカーバーグ　ええ！

――５年以内だったりしますか？

ザッカーバーグ　だといいですけど！（笑）ただ、すでに達成されていることにも目を向けてみてください。僕たちは世界中のどの企業よりも、そういった分野に投資しています。

その進化は現時点でも充分びっくりするくらいですよ。数年前、今と同レベルの体験をするには、６００ドル（約６万４０００円。２０１９年当時）のヘッドセット、数千ドルのＰＣ、特別なイヤフォンに、さまざまな接続機器を買わねばなりませんでした。それがいまや４００ドルのヘッドセットひとつだけで、時空を超えた旅行ができるようになっています。

僕たちはこうしたテクノロジーを、すべての人が手に入れられるようにしたい。だから、僕たちは売上の20％にあたる102億ドル（約1兆1220億円）をＡＩ、ＶＲ、ＡＲ分野の研究、そしてより環境に優しいデータセンターの開発に投資しています。

パリはＡＩに集中したほうがよい

——そのなかでフランスはどうでしょうか？　フェイスブック社では、多くのフランス人が責任ある立場で活躍しています。しかしどうしてフランス国内で、フランス版のフェイスブックを生み出せなかったのでしょうか？

ザッカーバーグ　フランス、特にパリはＡＩの分野で突出しています。自分たちの秀でている分野に集中すべきです。

他のヨーロッパ諸国と比較すれば、フランスは多くの分野でトップになっています。良質な大学に支えられていて、数学に非常に強く、「フランス国立農学研究所（ＩＮＲＡ）」のようなハイレベルな研究所があり、「Ubisoft」のようなものすごく面白いスタートアップ企業もあります。

——ですが、中国やアメリカに比べると、テクノロジー分野のトップランナーが少ないのはなぜなのでしょうか？

ザッカーバーグ　１９８４年にスティーブ・ジョブズがこの質問を受けたときには、彼は

「ヨーロッパ、とりわけフランスには『失敗に対する恐れ』があるからだ」と答えていましたが……。

フランス政府は、ＡＩ分野については正しい選択をしましたよ。たしかにスティーブが言ったとおり、ヨーロッパでの起業が長いあいだ難しかったのは事実です。

でも、僕たちはフランスやヨーロッパでのイノベーション・サイクルを支えようと精一杯取り組んでいます。僕たちがＡＩに特化した研究所をパリにつくる構想を決めたときも、それが長期的、少なくとも15〜20年単位のプロジェクトになることを本気で願っていました（パリには１００人近くの研究者がいる）。

仮想通貨を必要とする人々

――フェイスブックの仮想通貨「リブラ」についてはどうでしょうか？　フランスを含む一部の政府が懸念を示していることはご存じですよね。

ザッカーバーグ　「リブラ」のサービスで最もメリットを享受するのは、現在の金融システムを利用できないような人々だと思っています。

たとえばアメリカやヨーロッパの場合なら、安定した通貨システムや、うまく機能しているる支払いシステムがありますよね。そういった国々でも、マイクロペイメント（少額決済）のような、まだ充分に発達していない機能についてはおそらく寄与すると思います。

でも、本質的には国民が銀行システムを利用するのが難しいような発展途上国で、効力を発揮するはずなんです。

もしくは、ちゃんと通貨が存在していても、政府がそれを奪ったり、その価値を切り下げてインフレーションを起こしたりするリスクがある場合にも、効果があります。

ということは、世界中の何百万人、たぶん何千万人が「リブラ」のようなサービスを必要としているわけです（このインタビューのあと、ザッカーバーグは「リブラ」の発行延期を発表し、2020年12月に「ディエム」に名称変更した）。

ただし、ブロックチェーンがまだ出てきたばかりのテクノロジーだということは、はっきり自覚しています。各国が調整して合意しないかぎり、仮想通貨「リブラ」に関するサービスを始めることはないと思います。

フェイスブック「解体」論にはどう答える？

——学生時代、あなたはフランス語、ヘブライ語、ラテン語、古代ギリシャ語を話せたそうですね。

ザッカーバーグ　流暢にしゃべれるわけではないですが、習得はしました（笑）。

――さらにいまは、いつか中国市場に参入し「WeChat」と競争するために中国語を学んでいるとか。いろいろ挑戦されていますが、もしも人生をやり直すとしたら、やらなければよかった失敗はありますか？

ザッカーバーグ　わからないな。（しばらく沈黙して）刺激的な質問ですが、難しいですね。

――フェイスブックの解体を求めるような議員たちと、いつか直接対決する日が来ると想像していましたか？

ザッカーバーグ　そもそも自分の会社を作ることになるとは思っていませんでした。いくつかのプロジェクトをやりたいと思っていたのは事実です。

それらを実行するには、自分の会社を作ることがベストの手段だとわかったんです。素晴らしい能力のある人たちを雇い、彼らにしっかりと給料を払いながら、人生を変えるような価値のあるものを作れるからです。

ですが「解体」と言われても、それがどうやって「個人情報の保護」「選挙の管理」「有害コンテンツとの戦い」といった本質的な問題を解決することにつながるのか私にはわかりません。

僕が求めたいのは、あらゆるテック企業に対する正当で単一の規制です。それに、もしも僕たちの会社が解体されれば、右に挙げたようなさまざまなリスクに対抗するためのリソースも減ってしまいます。

「アクィラ・プロジェクト」はどうなった？

――太陽光エネルギーで飛ぶドローン「アクィラ」のプロジェクトを中止しましたね。ドローンの基地局を使って世界中の孤立した地域にインターネットへのアクセス環境を提供するというものでした。計画はもう終わってしまったのでしょうか？

ザッカーバーグ　いいえ、全然違います！　たぶん「アクィラ」プロジェクトは修正を加えたうえで復活することになります。

いまのところお伝えできるのは、さしあたりは「internet.org」でインターネット接続環境を提供するプロジェクトのほうが優先事項だということです。

グーグル
ピチャイCEO「アルファベットグループの未来」

「規制する側が間違うことだってある」

Photo : Getty Images/Getty Images for Greentech Festival

« 'Regulation can get it wrong': Google's Sundar Pichai on AI and antitrust » Financial Times 20/12/23, Text by Richard Waters
「『規制する側が間違うことだってある』グーグルCEOの反トラスト法提訴に対する言い分」COURRIER JAPON 21/1/26

Google　1998年にラリー・ペイジとセルゲイ・ブリンが設立したIT企業。世界中の情報に人々がアクセスできることを謳い、世界最大の検索エンジンなどを有する。2015年には持株会社「Alphabet」を設立。Googleのほかに、ベンチャーキャピタルGVや自動運転開発企業Waymo（ウェイモ）、スマートホームデバイスのNest、老化抑制研究のCalicoなどを傘下に置く。2020年には新しくスンダー・ピチャイが「Alphabet」のCEOに就任した。本拠はアメリカ・カリフォルニア州マウンテンビュー。Alphabetの2020年売上高は1825億ドル、営業利益412億ドル。売上の約7割が、GoogleやYouTubeなどの広告収入。

大統領予備選の候補者が「解体案」を高々と掲げたり、司法省が反トラスト法違反の疑いで提訴したりと、グーグルを取り巻く環境はこの数年で非常に厳しくなっている。グーグルCEOのスンダー・ピチャイが英紙に冷静な口ぶりで自分たちの言い分を語った。

CEOとしての仕事は「法規制の脅威と向き合うこと」

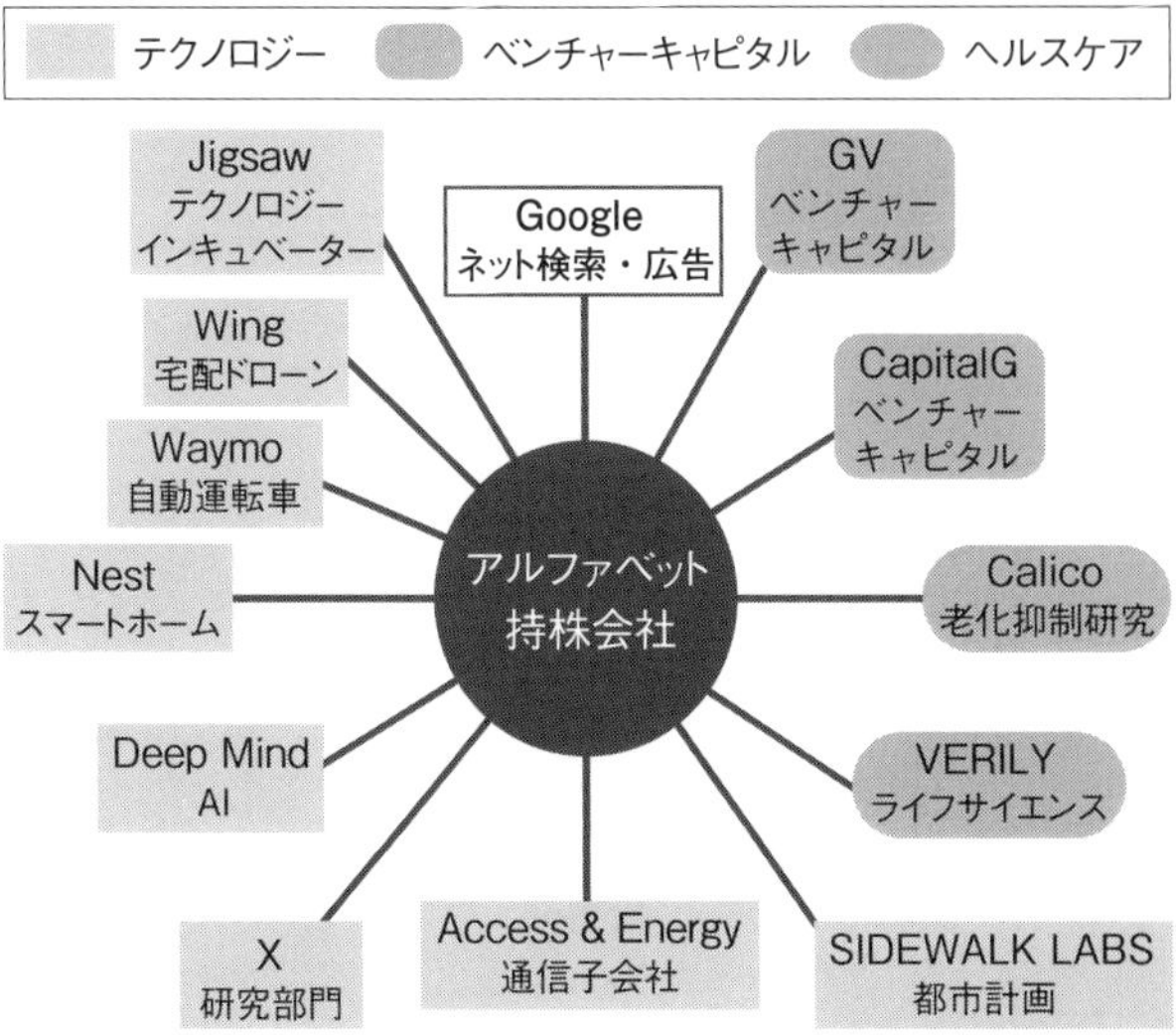

（Alphabet資料より）

アルファベットグループ

何年ものあいだ、テック業界の巨人グーグルは怒りを買いつづけてきた。

２０２０年10月、反トラスト法違反で米司法省が同社を提訴し、さらに12月には全米の数十州が反競争的行為の疑いで同社を相手取り、２日連続で訴訟を起こした。グーグル側に言わせれば、一連の「グーグル叩き」は、どこか復讐を思わせた。

過去10年、反競争的行為をめぐってグーグルと対決してきた欧州連合（ＥＵ）欧州委員会も、一握りの巨大プラットフォーマーの支配力を削ぐ包括的な新規制法案を公表し、規制の強化を加速させている。

スンダー・ピチャイがグーグルの最高経営責任者（CEO）に就任してから約5年、いまや彼の職務のほとんどは、増える一方の法規制の脅威から会社を守ることになった。

また2020年は、持株会社アルファベットのCEOに就任した1年目でもあった。アルファベットの子会社にはグーグルのほか、壮大な「ムーンショット」狙いの自動運転車を開発するウェイモ社がある。

手持ち資金を多方面に大量に燃焼させつづけている持株会社アルファベットをスリム化し、子会社グーグルの経営資源をAI部門へ集中すること。これはピチャイの仕事では日の目が当たらない部分だが、これこそ会社の存続を賭けた彼の重要な仕事かもしれない。

グーグルにとって、各国政府の規制強化に対する対応策は待ったなしだ。ピチャイの戦略は明確だ。それは、自社に対する新しい規制法案は歓迎する。ただし、致命傷は徹底して避けたい、というものだ。

この戦術は、2020年12月15日に欧州委員会が発表した新たな法規制「デジタルサービス法案（DSA）」への対応でも明らかだ。DSAはグーグルのようなテック業界最大手のプラットフォーマーに、違法コンテンツの監視などを義務づけることが目的だ。

本紙「フィナンシャル・タイムズ」の取材に対し、ピチャイは「欧州委員会の新しい規制法案は重要であり、私たちとしてもしっかり向き合って熟考しなければならないと考えています」と述べ、こう続けた。

「プラットフォーマーとして果たすべき責任とは？　どのような契約を望んでいるのか？　明確なプロセスや透明性が必要とされているのはどこか？　どれももっともな問いです。一連の課題についてとことん考え抜いて取り組むのは、とてもやりがいのある仕事です」

「グーグル解体」への抵抗

とはいえ、細部となると、ことはそう簡単ではなさそうだ。欧州議会が２０１８年５月に施行したプライバシー関連規制「一般データ保護規則（ＧＤＰＲ）」は、ユーザーの個人データを大量に蓄積している会社に狙いを定めている。要するに標的はグーグルのような会社だ。

「この規制も含め、一概には申し上げられません。ただ、規制する側が間違う場合だってあるでしょう」とピチャイは指摘する。

そして彼は、ＥＵが出してきたある提案についても懸念を表明する。それは、グーグルのようなテック業界の大手に自社データの一部を開放することを義務化して競合他社との競争を促す、という趣旨だ。

「むしろ、この難題に取り組むべきは各国政府のほうです。重大な結果をもたらしかねない提案に関してはよくよく考えてからでないと。それはきわめてオープンなエコシステムになるかもしれませんが、セキュリティ上の問題も出てくるはずです」

根っからの慎重派のピチャイはCEOにふさわしく、冷静に妥協点を見出すタイプ。前任者でグーグル創業者のラリー・ペイジとセルゲイ・ブリンとは対照的だ。ペイジとブリンは、当然予想される反発には目もくれず、とにかく破壊ありきで突き進むタイプの経営者だ。

反トラスト法違反で提訴を連発させた欧米の政治家にとってのゴールは、グーグル解体なのかもしれない。グーグルにとっては喫緊の課題だ。

ピチャイは、新型コロナウイルスのパンデミックが、コミュニケーションとコラボレーションのデジタル化を一気に加速させ、その結果、グーグルのような会社に収益が集中したとは言えるかもしれないと述べた。しかし、それはなにもグーグル一社ではないと彼は続ける。

「独り勝ちのように見えても、私たちから言わせればそうではないと申し上げたい」

ピチャイの話しぶりには長年、反トラスト法違反で訴えられつづけてきた結果として、寸分の隙もない確固としたスタイルがある。ヨーロッパにつづいて遅ればせながらアメリカの規制当局も規制強化に乗り出しているが、彼の主張の要点は変わらない。たとえば、テクノロジーの世界に多方面にわたる恩恵をもたらしたのは、グーグルの持つ技術プラットフォームだという反論だ。

たとえばモバイル向けOSのアンドロイドについて、「私たちは文字どおり世界中の何百もの携帯電話メーカーにアンドロイド・プラットフォームを提供しています」と述べている。

だが、グーグルを相手取った独占禁止法違反訴訟は、いずれも同社がモバイルOS市場を独占し、圧倒的な利益を得ていると告発している。

「オープンなプラットフォームという謳い文句で参入し、その後、事実上のクローズド・マーケット化して使用料を吊り上げるというのがグーグルのやり口」と非難するのは、ローカルビジネスのレビューサイトを運営するイェルプ（Yelp）で公共政策担当上級副社長を務めるルーサー・ロウだ。

同社は10年にわたり、反グーグルキャンペーンを展開してきた。ロウは、グーグルのアンドロイドOSは「開発者にアプリを書くチャンスを増やした」ものの、モバイル機器上の検索エンジンはほとんどがグーグルに置き換えられたと指摘する。

私たちはチャレンジャーの立場

ピチャイはさらに、グーグルが有利な地位を確立する道具として企業買収を悪用したとの疑惑もあわせて否定する。彼は、「初期段階ではお断りした買収もありました」と述べたが、具体的には言及しなかった。そして今後の買収について含みを残しつつ、こう付け加えた。

「買収の時点で見逃している投資分野というのはありますから」

見逃しの理由について、「イノベーションにさらにプラス要素が見込める企業のみを買収したいと考えているから」、あるいは、ユーザーの利益になるかどうかを判断基準にしているからだと説明する。

「長年、企業買収に際してはずっとこの方針です」

広告テクノロジー関連会社の役員だったダイナ・スリニヴァサンは、アメリカ国内でグーグルに対する裁判で反トラスト法違反の訴状原案作成に加わった一人。グーグルの企業買収について彼女は、デジタル広告のあらゆる部門を独り占めし、ライバルを締め出す戦略の一環だと批判する。

グーグルはこれまで、少なくとも他の大手プラットフォーマーが独占する市場では後塵を拝している側だという、やや眉唾ものの自社擁護論を展開してきた。ピチャイは言う。

「私が重視するのは、市場のダイナミズムです。いまあるマーケットの多くは、過去にはなかったものばかり。クラウドやｅコマース、スマートフォンの製造もそうです。チャレンジャーはむしろ私たちのほうです」

たしかにグーグルはこれらの巨大市場では後発参入組で、先発組のアップルやアマゾンをしのぐインパクトをいかに与えるかに腐心してきた。とはいえ、株式時価総額が１兆ドルを超え、ネット検索とデジタル広告を牛耳り、２０２１年度の売上高も２０００億ドル以上と予測されている巨大企業がそのような主張を繰り出しても、額面どおり受け取る人はいないだろう。イェルプのロウは言う。

「グーグルはしょせん検索屋。検索以外の部門で利益を倍にしようとしたら、検索を乗っ取って独占し、不正に利益を上げることしか残されていない」

ここでもピチャイは、デジタル情報の大きなマーケットにおよぼすグーグルの影響力を過小評価している。「世界中の情報を整理し、世界中の人がアクセスできて使えるようにすること」というグーグルの企業理念は、インターネットのスタートアップだった頃は大胆なミッションに聞こえたものだ。

しかし、いまやグーグルはとてつもない力と資金を有する巨大企業。不吉な響きのほうが勝ってはいないか。

それに対して、「私たちは、いまだに情報エコシステム全体のほんの一部でしかありません」とピチャイは反論する。

「動画市場を見てください。いまやかなりの数のプレイヤーがひしめき、情報量もかつてないほど増大しているではないですか。グーグルが独占するようなことはありえません」

グーグルに対する反発は、アメリカ大統領選挙期間中、政治広告の扱いに関して共和党議員から不信の目で見られてきたことにも表れている。どちらの政党が政権を取っても、グーグルはつねに標的にされてきたことはピチャイ自身も認めるところだ。

「人間である以上、生きるうえで情報は不可欠。そして人々には、情報に関してそれぞれに確固とした考え方もあるでしょう。人々の視線が情報の価値に集中するのは、ごく自然なことです」

またピチャイは、ネット空間にニセ情報が瞬く間に拡散するのを防げなかった、という批判の矢面にグーグルが立たされつづけてきたことも認めているように見える。もっとも、以前と比べれば格段に進歩している、と主張することも忘れてはいない。

「問題はあるにしろ、結局、情報技術システムを構築しているのは人間、ということに尽きます。ページランキングを確立し、検索結果の精度を上げるのに、AIを活用するなどのこれまでの歩みで自分たちが成し遂げてきた成果を見れば、イノベーションは急激に進んでいると考えています。

しかし、誤った情報をもたらす領域は確実に存在しており、私たちはさらに精度を上げなければなりません。だから、両方のことが言えるのです。私たちは大いに前進したが、まだまだやるべきことはたくさんある、と」

ピチャイの描くアルファベットの将来像

スンダー・ピチャイのアルファベットCEOとしての最初の1年は、規制当局との対決がらみで注目されて終わったようなものだが、出だしはまったく異なっていた。グーグルの創業者たちからアルファベットを引き継いで同社トップに就任した彼は、まずウォール街が長年、同社に対して求めていたものを開示した。グーグル各部門の詳細な財務諸表である。

また、ピチャイと、アルファベットおよびグーグル最高財務責任者（CFO）のルース・ポラットはグループ傘下の各事業に対し、財務規律の強化を打ち出している。見ようによっては、アルファベットの分割に向けた動きを少しずつ進めているかのようだ。

自動運転車を開発しているウェイモ社は2020年3月にはじめて外部投資を受け入れ、また、ライフサイエンス部門のヴェリリーも2020年12月、親会社以外から初めて資金調達をおこなって約7億ドルを獲得した。両部門は現在、独立した取締役会を持っているため、ゆくゆくは投資家たちが株式を現金化することを希望するだろうとピチャイは考えている。

「これらの子会社が、アルファベットから独立した会社になるというのも可能性の一つです」と彼は言う。

「アルファベットとして具体的なプランを考えているわけではありません。そうなる可能性はある、ということです。アルファベットが作り上げつつあるのは、そうした枠組みです。そして、この枠組みによって、私たちの旅にまったく新しいプレイヤーが参加することもできると思います」

ピチャイの描くアルファベットの将来像は、ラリー・ペイジが思い描いたものとは異なる。ペイジはかつて本紙に、アルファベットはデジタル時代のバークシャー・ハサウェイとなり、それぞれ関連性のない各部門はゆるやかにつながって、一つの傘の下に集約されるだろうと語っていた。

ピチャイは、アルファベットの将来に関する意見の不一致を問題にしていないかのようだ。グーグル創業者らは2年前にグループへ直接的には関与しなくなったものの、いまもピチャイの上司であることに変わりはない。彼らが保有する同社株式は12%未満だが、創業者枠で議決権の51％を保有しているからだ。

「創業者たちは、具体的に道筋を決めて取り組むのではなく、やってみてうまくいったほうを採用するやり方によってイノベーションを確実に起こせると考えていたはずです。その考え方はいまも変わっていないでしょう。そして、私もこのやり方でうまくやっているのです」

バラバラだった部門をＡＩを軸にまとめる

それでも明らかな方向性の変化はある。アルファベットのトップだったときのペイジは、子会社間の技術的な連携は何もないと答えている。事業の可否基準は、冒険的で、世の中を変革するのに充分な力を秘めていることだけだった。

ピチャイは違う。彼の口から語られるのは、前任者から継承したバラバラな各部門から、ＡＩを柱としたまとまりのある企業体を作り出すことだ。

グーグルの研究部門Ｘ（ムーンショットファクトリー）の「Everyday Robot」プロジェクトは、日常生活におけるアシスト役の自律学習ロボットの開発をめざしている。ピチャイはこのプロジェクトを引き合いに出して、こう述べた。

「なぜこれがアルファベット内で継続しているのか？　それはＡＩをベースとして生まれ

るイノベーションだからです」

２０１９年末に発表された「Everyday Robot」プロジェクトは、グーグルの各部門でおこなわれていた研究を開発チームとして一本化したものだ。

「もしきみたちが日常生活を補佐する汎用ロボットを作りたいというのなら、このままでは実現はおぼつかないよ、と言ったのです」

ロボット開発を成功させるには、インターネットサービスという日常業務の制約から切り離したほうがよい。それで独立させたのだという。

アルファベットがいまなおX発の壮大なアイディア実現に向けた支援を続けていることに対し、事業としての有効性を疑問視する声はある。これについてピチャイは、宅配ドローン開発の子会社「ウイング」と、タンパク質の構造予測ＡＩプログラム「アルファフォールド」を引き合いに出した。

ウイングは新型コロナウイルスのパンデミックで利用客が急増し、アルファフォールドもタンパク質の折りたたみ構造解析に画期的貢献を果たしている、と彼は指摘した。

彼にとってＡＩは、これらすべてのアルファベット傘下プロジェクトを推進するエンジンだ。マシンビジョンのような既存技術もＡＩによって、グーグルや、アルファベット傘下の子会社ネットワーク間のほとんどの事業を支える有望な基幹技術へ生まれ変わっている。

「ＡＩとコンピュータ・ビジョンで最先端を行くのが、ウェイモです」とピチャイは述べる。

「同じことがロボティクスにも言えます。検索部門もそうです。近いうちに、わざわざタイプするまでもなく、ただ眺めるだけで検索結果が表示されるようになるでしょう。将来的に、これらはすべて一つにつながります。だから、長期的視野に立った投資も問題なくおこなえるのです」

ＡＩと倫理的問題の攻防

グーグルのトップの語り口は、とてもそんな野心があるとは思えないくらい淡々としている。たとえば、テスラＣＥＯのイーロン・マスクのような業界トップがＡＩを語ればすぐに、ＡＩが人間の知能を超える日が来るとＳＦじみた「汎用人工知能（ＡＧＩ）」説をふっかけたりする。

ピチャイはその対極だ。彼の語るＡＩには、日常的かつ平凡なコンピュータ・サイエンス問題のような響きがある。

「ＡＩはＡＩ。ただそれだけです。いずれ特別視もされなくなるでしょう。それでも道のりはまだまだ遠く、私たちの取り組むもっとも深遠な課題の一つでもあります」

グーグルは、他社からすれば妬ましいほど豊富なリソースを持ち、この分野をリードしている点も自認している。とはいえ、ピチャイが思い描くＡＩマシンを実現させるのは経営的にも容易ではない。それを如実に示したのが、２０２０年11月に起きた解任劇だ。グーグルの倫理的ＡＩ担当共同リーダーで、同社では珍しい黒人女性研究員だったティムニット・ゲブルは、グーグルに、共同執筆した論文の撤回を一方的に要求されたのちに解雇されたと主張する。

この解雇事件で、大量のデータを消費する大規模言語モデル使用に関する倫理的問題が明るみに出た。グーグルはこの言語モデル開発の旗振り役だ。

彼女は声明で、グーグルが、自身の利益のために重要な倫理的問題の研究を抑圧していると訴えた。また、多様性促進への継続的な取り組みをめぐって社内の混乱も起きた。ピチャイは「今回のような不手際は苦痛で、大いに失望しました」と言う。

「いったい何が起きたのか、それをすべて把握し、そこから何が学べるのかを知らなければなりません。いつでも的確に理解しているわけではありませんが、企業として、一連の出来事に真摯に向き合って学ぶつもりです」

じつはグーグルがＡＩの倫理問題でつまずいたのは、これが最初ではない。２０１９年、外部顧問で構成されたＡＩ倫理委員会設置計画を短期間で放棄したときも、選任した委員をめぐって社内で内部対立が起きていた。

　ピチャイは、ＡＩをどう適用するかの原則を公開した最初の企業がグーグルだと述べた。そして、ＡＩ技術の使用を監視する社内プロセスも持っていることを合わせて主張した。たとえば、顔認証技術は非公開とし、グーグル以外の企業に使わせないよう対策を講じてきたという。

「いずれＡＩ関連の各分野に、必要とされる法規制が用意されるでしょう」とピチャイは言う。グーグルのトップは世界に対し、自分の会社が世界最強のテクノロジーの責任ある提供者であることを知ってもらいたいと考えている。

　同時に、訴訟とそれに対する同社の対応を見てもわかるように、もはやグーグルだけで責任を果たせなくなったときの備えも着々と進めているのだ。

アマゾン
創業者ジェフ・ベゾス後の帝国

「イノベーションの革命と副産物」

（右）アンディ・ジャシーPhoto : Patrick T. Fallon/Bloomberg via Getty Images
（左）ジェフ・ベゾスPhoto : Andrew Harrer/Bloomberg via Getty Images

« The Amazon machine: Jeff Bezos's revolution — and complicated legacy » Financial Times 21/2/6, Text by Dave Lee
「ジェフ・ベゾスはビジネスの歴史に『何を成し遂げた人物』として刻まれるのか」COURRIER JAPON 21/5/10

Amazon　1994年にジェフ・ベゾスが設立した世界最大のeコマース企業。「地球上で最も豊富な品揃え」を謳う。本拠はアメリカ・ワシントン州シアトル。2020年の売上高は、3860億ドル。営業利益は228・9億ドル。最近では、映像や音楽の配信サービスAmazonプライムに力を入れ、会員数は2億人を突破。また、法人向けのクラウドプラットフォームであるAWS（アマゾン・ウェブ・サービス）は大きな収益源となっている。創業者のジェフ・ベゾスは2021年に退任、新しくアンディ・ジャシーがCEOに就任予定。

その強引な経営手法をめぐって議会から厳しい追及を受けるなか、当代を代表するビジネスパーソンの一人が第一線を退こうとしている。

これからの数年間で、革新者としてのジェフ・ベゾスの評価はどう変わっていくのだろうか。ヘンリー・フォードはモデルTを生み、スティーブ・ジョブズはiPhoneを遺した。しかし、このアマゾン創業者が何を成し遂げたのかを正しく定義することは、はるかに難しい。

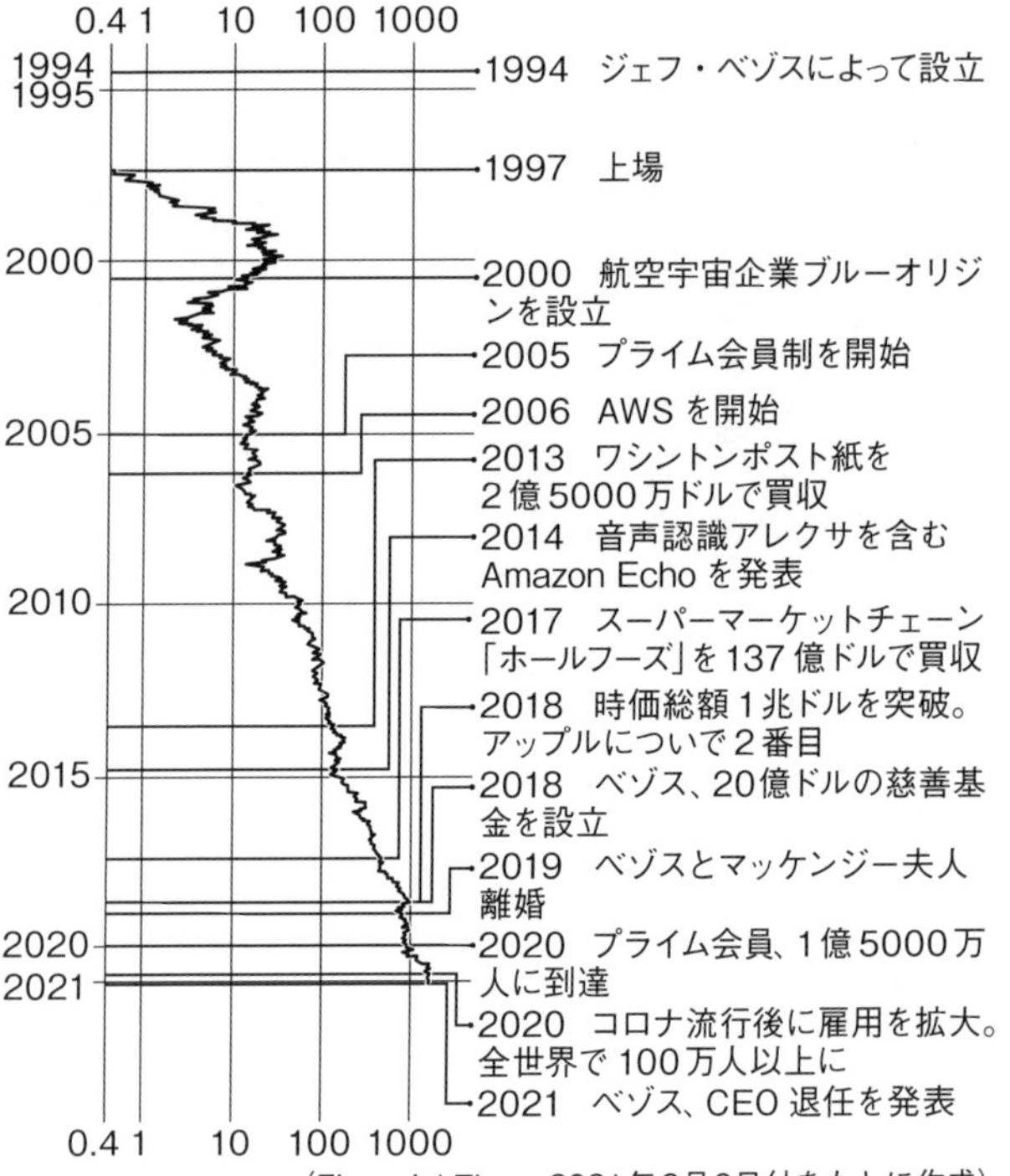
0.4 1 10 100 1000
1994
1995
2000
2005
2010
2015
2020
2021
1994　ジェフ・ベゾスによって設立
1997　上場
2000　航空宇宙企業ブルーオリジンを設立
2005　プライム会員制を開始
2006　AWS を開始
2013　ワシントンポスト紙を２億5000万ドルで買収
2014　音声認識アレクサを含む Amazon Echo を発表
2017　スーパーマーケットチェーン「ホールフーズ」を137億ドルで買収
2018　時価総額１兆ドルを突破。アップルについで２番目
2018　ベゾス、20億ドルの慈善基金を設立
2019　ベゾスとマッケンジー夫人離婚
2020　プライム会員、1億5000万人に到達
2020　コロナ流行後に雇用を拡大。全世界で100万人以上に
2021　ベゾス、CEO 退任を発表

（Financial Times 2021年2月6日付をもとに作成）

ジェフ・ベゾスとアマゾンの発展

イノベーションのビジネスそのものを変えた

ベゾスが後世に残したものは、アマゾンの元上級幹部が語ったように、イノベーションのビジネスそのものを作り替えたことなのかもしれない。

「私たちはアマゾンを〈発明マシン〉と呼んでいます」と言うのは、ベゾスの元技術アドバイザーで、同社についての本を上梓したコリン・ブライヤーだ。「ジェフが不在でもアマゾンは判断を下すことができました」

このアマゾン・マシンは四半世紀にわたり、どんな企業も直面したことのない野心的な質問と格闘してきた。あらゆるものを売るストアをどう作るか。どうすれば誰もが共有できるスーパーコンピュータを構築できるか。どうすれば1年以内に50万人を採用できるか。

こうした問いのすべてに答え、粛々と行動に移すことで、時価総額約1・7兆ドルの企業と資産総額2000億ドルのCEOが生まれた。

今、ベゾスはCEOの座を退き、執行会長という名誉職に就こうとしている。自分が情熱を傾けているプロジェクト、つまり気候変動と闘い、宇宙へ行くという目的に集中するために。

その一方で、この成功がもたらした影響、アマゾンの副産物もまた表面化しつつある。

アマゾンを批判する人々は、ベゾスのイノベーションを独占行為、労働者の搾取、プライバシーの侵害とみなし、新しいテクノロジーが倫理的に疑わしい行為に用いられていると主張する。

２０２０年、ついに米議会に引きずり出されたベゾスは、一連の批判への対応をアマゾン・マシンに、そしてベゾスのように語り、ベゾスのように考える腹心のリーダーたちに託そうとしている。矢のように飛んでくる質問の数々にベゾスなしで答えていくために、同社はこれまで以上にこのマシンに頼ることになるだろう。

「ジェフはもっと自由に行動できる場所で、これまでとは違うことをするようです」と言うのは、アマゾンの元上級プロダクトマネージャーのマニー・メディナだ。「少なくとも規制に関する限り、彼が対応しているたいていの事柄よりも、宇宙開発競争のほうが単純ですから」

利益より成長を

「フィナンシャル・タイムズ」紙にアマゾンとジェフ・ベゾスがはじめて登場したのは１９９６年10月だ。この記事は、顧客がレビューを残せるようにするというベゾスの「過激な」アイディアと、顧客に新しい本をすすめるテクノロジーを、オンラインショッピングのユニークな可能性を示す2つのイノベーションとして紹介していた。後に、アマゾンは保存された住所と支払い情報を使って簡単に買い物ができる「ワンクリック（今すぐ買う）注文」も開始する。

アマゾンの急速な成長と壮大な野心は、つねに周囲を困惑させてきた。1999年の「ニューズウィーク」誌は、ある経営コンサルタントの言葉をこう伝えている。「世界最強のブランドはみなシンプルな言葉で表現できる。（中略）しかしアマゾンは本も炭火焼きグリルも売るという。私にはまったく理解できない」

ベゾスはウォールストリートとも新しい関係を築いた。投資会社D・E・ショーで働いていたベゾスにとって、ウォールストリートはなじみ深い世界だ。

ベゾスは1997年に株主に送った最初の手紙を皮切りに、アマゾンは利益よりも成長をつねに優先するというメッセージをくりかえし投資家に伝えてきた。実際、これはアマゾンの物流網が1999年のわずか7施設から1500を超えるまでに拡大した現在に至るまで、同社のビジネスを貫くテーマとなっている。

「ベゾスには自分のビジョンをウォールストリートに売り込む類いまれな能力がありました」と言うのは、アマゾンの分割を提案している、地域セルフリライアンス研究所（Institute for Local Self-Reliance）のステイシー・ミッチェルだ。

「彼は、赤字でも本を売りつづけるという、信じがたい自由を手にしていました。このビジネスモデルが有効なら、アメリカは個人経営の書店であふれていたでしょう。しかしもちろん、普通の店が赤字経営を続けることは不可能です」

アマゾンの資金はもっぱら配送日数の短縮に投じられた。配送の速さこそ、最も重要な差別化要因になるとベゾスはすばやく見抜いていたからだ。彼はこの戦略を使って顧客を囲い込み、2005年には年79ドルを払えば、あらゆる商品のスピード配送を「無料で」受けられる有料会員制度「プライム」を開始した。現在の年会費は119ドルだが、プライム会員の数は米国だけで推定1億5000万人を超える。これは米国の成人人口の半数以上に相当する。

プライムの華々しい成功は、ベゾス自身が自分の重要な実績として挙げているものだ。プライム会員はすでに会費を前払いしているため、他のショッピングサイトに浮気することはめったにない。平均すると、プライム会員の購入額は非会員の2～3倍に達する。

「ベゾスは長期的に考えろ、続けろ、積み上げろと、口癖のように言っていました」と、アマゾンの元管理職で、現在はアマゾンに出品する外部業者に助言を提供しているジェームス・トムソンは言う。「そうしてできあがったのが、今のアマゾンというわけです」

独占疑惑

アマゾンに商品を出品する外部業者の激増は、同社にとって諸刃の剣だった。こうした外部業者はアマゾンが在庫リスクを負うことなく品揃えを短期間で拡大する助けになったが、同時に偽物や安全性の問題を生み出した。どちらの問題についても、全力で改善に努めているとアマゾンは主張している。

アマゾンの「マーケットプレイス」は、アマゾンが健全な競争を阻害しているという議論でも批判の的になってきた。競争法違反に関する米議会の公聴会は、２０２０年７月に開催され、ベゾスがはじめて出席した公聴会の中心となったテーマだ。

もっとも、この公聴会で展開された主張、つまりアマゾンが外部の販売業者のデータを自社製品の開発計画に利用しているという訴えは信憑性に乏しかった。アマゾンが自社ブランドで販売する製品は、同社のビジネスのごく一部を占めるにすぎないからだ。

しかし、その後に下院反トラスト法小委員会が発表した報告書によって、アマゾンにはもっと広範な懸念があることが明らかになった。

同報告書は、「アマゾンのプラットフォームは、インターネット上で消費者と取引するために、アマゾン以外に有効な選択肢を持たない多くの中小企業に対して、独占的な力を有している」と指摘している。

現在、アマゾンのクラウド部門ＡＷＳを統括しているアンディ・ジャシーがベゾスの後任としてＣＥＯに就任することが発表されると、与野党の議員たちは追及を速やかに再開する意思を明確に示した。

上院反トラスト委員会を率いる民主党のエイミー・クロブシャー上院議員は、ベゾスが所有する「ワシントン・ポスト」紙に「競争の問題について、彼と話をすることを楽しみにしている」と語った。

共和党のケン・バック下院議員は「ジャシー氏には何点かお聞きしたいことがある」とツイッターに投稿している。

ネット地主

「ジャシー氏」が率いるＡＷＳは、近年アマゾンの利益の大部分をたたき出している収益部門だ。しかも、その可能性はまだ開拓されたばかりと言っても過言ではない。

ベゾスの技術アドバイザーだったコリン・ブライヤーはＡＷＳの初期をふりかえり、「取締役会は懐疑的だった」と語る。アマゾンがｅコマースという主戦場を離れ、巨大なコンピューティング・プラットフォームを構築し、他社のファイルやサービスを有料でホスティングする事業に乗り出すことについては、社内でも意見が分かれていた。

「（取締役会は）『なぜこんなことを？　小売ビジネスとは何の関係もないのに』と言っていました。当時、ＡＷＳがアマゾンを凌駕するスピードで成長するという見通しがあったわけではありません。でも、これがソフトウェア開発のよい方法になることはわかっていました」

ベゾスはチームにＡＷＳ事業を進めるよう指示したが、同時に焦るなと釘を刺した。「この段階での彼の役割は、いわば〈最高スローダウン責任者〉でした」と、当時を知るブライヤーは言う。「顧客を正しく定義できているかを彼はつねに気にしていました」

ＡＷＳの顧客リストには、ネットフリックスやAirbnb（エアビーアンドビー）といった大手ネット企業に加えて、米中央情報局（ＣＩＡ）のような組織の名前も並ぶ。ＡＷＳの革新性は、顧客が需要に合わせてサーバーの容量を柔軟に調整できる点にあった。

ＡＷＳはベゾスに季節に左右されない安定した事業と、無限の可能性を秘めたスーパーコンピューティング・プラットフォームをもたらした。アマゾンの画期的な音声アシスタントのアレクサもＡＷＳが開いた可能性の一つだ。ＡＷＳのずばぬけた計算能力により、アレクサはどんどん賢くなっている。

しかし新ＣＥＯとなった暁には、ジャシーはインターネット上の最大の「地主」として、いくつもの倫理的な判断を求められることになるだろう。

2021年1月に起きた米連邦議会への乱入事件では、AWSは利用規約に違反したとしてソーシャル・ネットワーキング・サービス「パーラー（Parler）」へのサービス提供を停止した。ツイッターとフェイスブックはドナルド・トランプらのアカウントを停止したが、インターネットのインフラであるAWSの役割は、この2社よりも複雑だと考えられている。

AWSを利用した監視テクノロジー（顔認識等）を政府機関、特に軍や警察が利用することとの是非についても、具体的な基準を定めることが求められるだろう。

「アマゾンが社会の中で占めている位置は、10年前、15年前とは変わっています」とブライヤーは言う。

「アマゾンは個人情報保護方針やデータストレージに関するさまざまな行為を精査の対象とできますし、そうすべきです。また、そうした議論は社会の中でおこなわれなければなりません。アマゾンも、この方向で取り組んでいるはずです」

安全性をめぐる懸念

ベゾス時代にアマゾンが推進した重要なイノベーションの一つに、効率の徹底的な追求がある。しかし、この成功の裏には犠牲者がいたと批判者たちは言う。2020年9月に調査報道センター（Center for Investigative Reporting）が発表した調査結果によれば、アマゾンでは２０１９年、深刻な労災事故の発生率が「業界標準の倍近く」に達していたという。

この報告書を受けて、アマゾンの広報担当者は「当社は安全関連の講習・教育プログラム、テクノロジー、インフラに投資し、成果を上げています」と語った。

また、新型コロナウイルス感染症の世界的流行に対しては、感染対策に１１５億ドルを投じたという。

しかしベゾスが退任する前、２０２１年の第３四半期にアラバマ州ベッセマーでおこなわれる投票は、アマゾンにとって分水嶺となるかもしれない。この投票では、現地のアマゾン配送センターで働く５０００人以上の労働者が、労働組合の結成を求めるかどうかを決定する。組合が結成されれば、同センターは米国内のアマゾン関連施設ではじめて団体交渉力を手にすることになる。

この組合がめざすのは給与や諸手当の充実ではない。アマゾンの労働者の給与水準はすでに、米国の連邦最低賃金や初任給の水準を大幅に上回っているからだ。組合が争点とするのは仕事の内容である。配送センターでは商品の収集・梱包作業に明確な目標が定められており、達成状況が厳しく監視されているため、労働者はトイレ休憩をとることさえままならない。

CEOを退任したベゾスはどこに向かうのだろう。一つの可能性は、マイクロソフトの共同創設者ビル・ゲイツが切り拓いた道だ。ゲイツはマイクロソフトから退任した後、世界有数のフィランソロピストに転身した。

この青写真は、ベゾスの現在のイメージとはかけはなれている。「いずれはロボットに置き換えられる運命の従業員たちが、トイレ休憩さえとれずにペットボトルで用を足している間に、せっせと富をため込んでいる腹立たしいほどの大富豪」——これは、深夜テレビ番組の司会者スティーヴン・コルベアが2021年2月、ベゾスを評して言った言葉だ。

拡大する富の不平等に注目が集まっている理由は、彼の個人的な資産だけではない。税制・経済政策研究所（ITEP）のマット・ガードナーによれば、この機運にはベゾスが生み出した別のイノベーションが関わっているという。

「ジェフ・ベゾスには以前から少し風変わりなところがありました」と彼は言う。「課税逃れを競争力と言ってはばからない点など、その最たるものでしょう」

それでも、彼に近い人々は彼の考え方が変わりつつあると感じているようだ。1996年から2019年にかけてアマゾンの取締役を務めたトム・アルバーグは、ベゾスは自身の財産を有意義な目的に投じるはずだと考えている。

「ジェフの人生の第二幕は、第一幕と同じくらい重要なものだった――20年後には、誰もがそう考えるようになっていると思います」

マイクロソフト
ナデラCEO「パンデミックと新しいテクノロジー」

「今後10年でテクノロジーが世界を変貌させる」

Photo : Jason Alden/Bloomberg via Getty Images

« Reimagining business: an interview with Microsoft chief Satya Nadella » Financial Times 21/3/9, Text by John Thornhill
「サティア・ナデラ『解決策を探す人たちにAIを渡せば、大きな変化が生まれる社会にしたい』」COURRIER JAPON 21/5/3

Microsoft　1975年、ビル・ゲイツ、ポール・アレンによって設立されたソフトウェア会社。アメリカ・ワシントン州レドモンドに本拠を置く。1985年にOSのWindowsを、1990年にはMicrosoft Officeを開発。近年はクラウド事業（Azure）が好調。2020年の売上高は1430億ドル、営業利益は529億ドル。時価総額は、2021年2月現在で、1兆7501億ドルでアップルについで第2位。

マイクロソフトという巨大IT企業を率いるサティア・ナデラは、政府などの働きかけによって「テクノロジーへの信頼を高めること」が重要だと語る。同社がめざす方向、そしてIT企業が進むべき道について、英紙「フィナンシャル・タイムズ」のインタビューに答えた。

終焉からの快進撃

――サティア・ナデラさんは2014年からマイクロソフトのCEOを務められています。創業者のビル・ゲイツ、スティーブ・バルマーに続く三代目のCEOになったわけですが、英国の経済紙「フィナンシャル・タイムズ」のリチャード・ウォーターズ記者は、２０１９年の記事でこう書いています。

「２０１４年の時点では、多くの人が、マイクロソフトを技術的に終わりに近づいた会社だと考えていた。ところが、いまこの会社は再びワクワクしながら働ける場になっている」

　ナデラさんがＣＥＯになってからのマイクロソフトの快進撃には目覚ましいものがあります。クラウドコンピューティングとＡＩに力を注ぎ、時価総額を１兆ドル以上、引き上げました。いまお話ししている時点でのマイクロソフトの時価総額は１・６兆ドルですが、これはドイツ株価指数を構成するドイツの主要企業30社の時価総額の合計を上回る額です。ナデラさんがしていることの何かが功を奏しているのは明

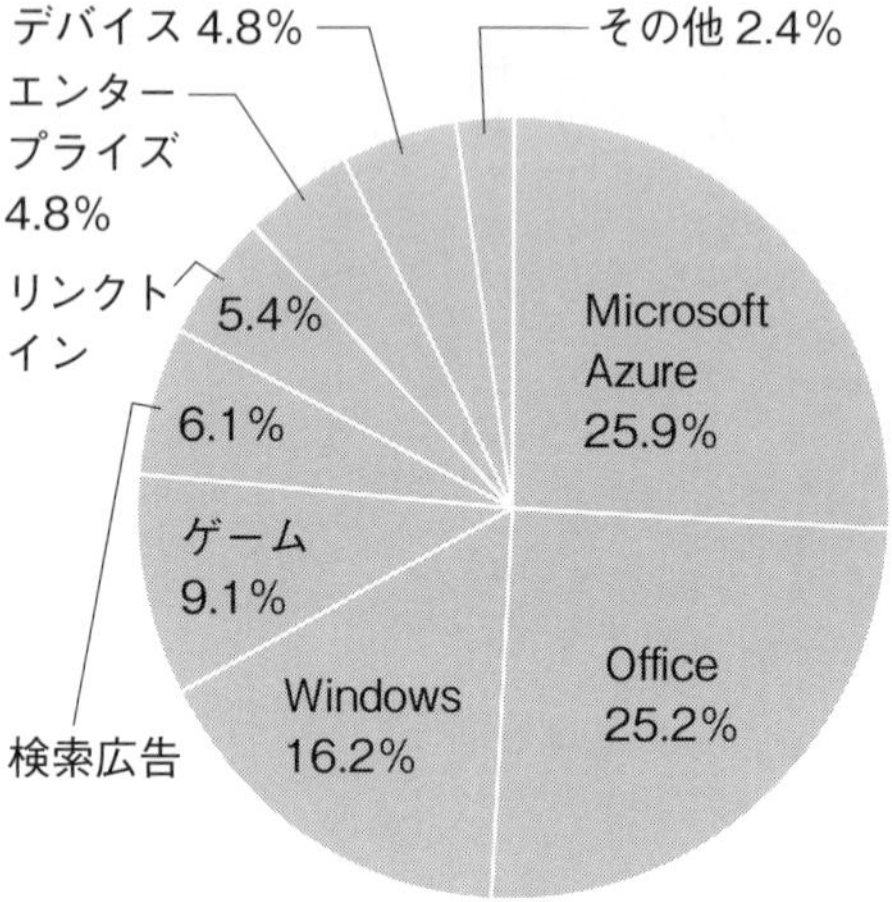

(マイクロソフト発表資料をもとに作成。数字は2019年)

マイクロソフトの分野別売上

らかです。

2020年は非常の年でした。新型コロナウイルス感染症によって世界全体で180万人が死亡し、世界経済も打撃を受けました。失業した人の数も膨大です。14億人の学生が教室に通えなくなりました。そんななかオンラインのサービスは、通信・小売・エンターテインメント・教育・遠隔医療などの分野で大きく伸び、IT企業は大きな利益を得ました。

今回の危機でマイクロソフトはどんな影響を受けたのでしょうか。いろいろと変わったことが多かったわけですが、何が永続的なものとして残り、何が一時的な事象に過ぎなかったのでしょうか。


ナデラ 失われた人命の数、経済や社会への打撃、教育や医療への影響といったものには、つらいものがありました。ただ、さまざまな制約があったにもかかわらず、私たちが経済活動の水準を維持できたのは現世代のテクノロジーのおかげです。クラウドコンピューティングがなかったら、世界のサプライチェーンがどうなったのか。世界の医療供給能力がどうなっていたか。そのことを考えただけでゾッとしてしまいます。

言ってみれば、IT業界を含めて、私たち全員が突然、こう気づいたのです。

「少なくとも自分たちには、融通の利くリソースやソフトウェアやデジタル技術がある。これを使えば、自分たちのやり方を変えたり、方針を転換したりして、新しい状況に対応できる。場合によっては逆境を乗り越えるレジリエンスの力も発揮できるかもしれない」

デジタル技術を使えば、自分たちを変えたり、レジリエンスを発揮できたりするのだという大きな気づきがあったわけです。小規模の小売店が廃品回収を始めて、事業を継続することができた話もありました。中規模のメーカーが完全自動の製造工程を作ることもありました。遠隔医療も話自体は何十年も前からあったわけですよね。私はコロナ後も、患者の診察が最初はＡＩチャットボット搭載アプリでされ、その次に遠隔医療の診察があり、それでも不充分な場合のみ外来患者の診察をする、というのが残っていくと考えています。

企業と国・コミュニティとの社会契約

――すべてがオンライン化されるようになっていて私たちのデジタルへの依存度が増しています。そのせいで、私たちが次の衝撃に対して脆弱になってしまった可能性はありませんか。たとえば、いま米中の間では地政学的な取っ組み合いが起きていて、サイバー戦争のリスクもあるわけです。そのようなリスクを減らしていくには何ができますか。

ナデラ　まず認識すべきは、もう後戻りはないということです。デジタル技術は私たちの経済や生活や社会の一部分になっており、その度合いは今後ますます強くなっていきます。次にどんなテール・イベント（稀にしか発生しないが、いったん発生するとその影響がきわめて大きい事象）が起きるのかを予測できる人はいませんが、デジタル技術を取り入れている組織ほど、そのテール・イベントを切り抜けられるはずです。さきほど申し上げたとおり、デジタル技術が、自分たちを変えたり、方向転換をしたりするだけでなく、レジリエンスを発揮することを可能にするのです。

デジタル技術がますます重要な役割を果たすようになるのは不可避です。では、何をすべきなのでしょうか。大事なのはテクノロジーへの信頼を築くことです。サイバー空間の安全保障に関していえば、私たちは「デジタル版ジュネーブ条約」を提唱しました。考えてみてください。サイバー攻撃の脅威に最もさらされているのは市民や中小企業といった弱者なのです。

同じことはＡＩ倫理、プライバシー、インターネットの安全性についても言えます。これらの大きな課題はどれもテクノロジーへの信頼を損ねるものなのです。テクノロジーへの信頼を高めるためには、法律の整備や規制といったことに加えて、私たちのような会社のエンジニアリングのプロセスやシステムをどうするのか、といったこともあります。私たちは、その両方の課題に、真正面から取り組んでいます。テクノロジーへの信頼を高めることは、テクノロジーで変化をもたらすことと同じくらいの最重要の課題だと考えています。

――マイクロソフトといえば規制当局から痛烈な一撃を受けたことで有名です。いま米国では、巨大ＩＴ企業に対する規制が議論されていますが、どのような規制が必要不可欠だと考えていますか。また、どのような規制は、ためにならないと考えていますか。

ナデラ　どんな企業も、存在する権利を神から授けられたわけではありません。事業を展開する国やコミュニティとの社会契約がなければ、その企業は存在してはならないのです。その意味では、私は地に足をつけています。

マイクロソフトの成功とは、根本的には、私たちの顧客の成功のことであり、私たちを取り囲む世界の成功のことです。顧客や世間の目をまっすぐ見て、「私たちはみなさんの役に立っていますよ」と言えるようでなければなりません。それは中小企業の生産性を上げることかもしれません。多国籍企業の競争力を上げることかもしれません。公共部門の効率性を引き上げることかもしれません。英国やインドなどで教育や医療の成果を上げることかもしれません。そういうことができていないなら、マイクロソフトは存在すべきではないし、どんな巨大ＩＴ企業も存在すべきではありません。

ご質問の規制が果たすべき役割についてですが、もちろん規制には役割があります。消費者の安全を守るのは重要ですし、それがインターネットの安全性を確保する取り組みにつながっています。テロリストや暴力的な過激派のコンテンツをオンライン上から排除する「クライストチャーチ・コール宣言」がいい例です。同じことはサイバー攻撃の脅威や

ＡＩ倫理、顔認識の分野でも起きています。

ですから関係各社が全社集まって、こう言うべきだと思うのです。

「私たちは企業としてどんなかたちで世界に参画しようとしているのか。どうすれば協力し合って世界をよくして、成功できるのか」

私はそのような観点から企業を見ていくのが好きです。企業の責任とは、世界の問題を解決したり、人々や地球が直面する課題に対して、ためになる解決策を提供したりすることだと考えているからです。

巨大ＩＴ企業への規制

——バイデン政権は、巨大ＩＴ企業への規制に関して、どんなことをすると思いますか。

ナデラ　前の政権と同じで、「どうすればテクノロジーへの信頼を高められるのか」という第一原理から検討すると考えています。なぜなら課題はそこにあるからです。米国や英国といった民主主義国では、私たちが普段使うツールやテクノロジーを信頼できるようにするための基本的な法律の枠組みが必要であり、プライバシーのような基本的な権利も守らなければなりませんからね。

——昨今はデータの価値が注目されています。ＥＵがいま作っている法律は、巨大ＩＴ企業のプラットフォームにあるデータをほかの企業にも共有させ、公平な競争環境を整えることを目的としています。私たちはデータの経済的価値に注目すべきなのでしょうか。データの共有に関して、これは望ましいことなのでしょうか。実際問題としてこれは実行可能なことなのですか。

ナデラ　そもそもデータは誰のものであり、そのデータで誰が利益を得ているのか、というところを出発点とすべきです。私の基本的な信念では、消費者側でも、企業側でも、価値の交換において、どの会社も不当に利益を得ることがあってはなりません。真の意味での競争が必要です。

権力の集中が際立つのは、消費者相手のインターネット企業の市場です。広告やネットショッピングの市場は、権力の集中の度合いが高いです。米国でも英国でも、こうした市場は注視されることになります。権力の集中の度合いが極端な状況は誰のためにもなりませんからね。

それに対して法人相手の市場はどうかというと、ドイツの例を考えてみましょう。ドイツ経済の中核をなす中堅企業は、どこも国を代表するような企業であり、その製品は世界中で売られています。私が米国で歯医者に行くとき、その診察室には、ドイツ製の機器が数多くあるはずです。こうした機器はすべてリモートで管理されるようになっています。

パンデミックのせいで技術者が訪問できませんから、リモートによる予防保全がなされているのです。この場合、データは誰のものなのでしょうか。ドイツ企業のものでしょうか。それとも歯医者のものなのでしょうか。

場合によっては、これは欧州の話ではなくなるのです。EUは、自分たちの競争力に関して、もっと啓発された見方をしたほうがいいです。消費者市場で起きていることは、EU市民のデータに関することですが、それは欧州の企業が世界各地の顧客の役に立つためにデータにアクセスしていることとは、はっきり区別すべきです。

スモールAIのインパクト

――マイクロソフトは「AIファースト」になったとのことですが、どうしてそこまでAIに熱中するのですか。

ナデラ　新しいものを誇大宣伝するのがIT業界の常ですからね。ただ、私がAIにワクワクするのは、データという、いま大きくなりつつあるリソースから価値を引き出せる能力がAIにはあるからです。

今回の公衆衛生の危機でも、診断ツールを世界全体に幅広く行きわたらせることが必要でした。でも、どうやって、それができるでしょうか。それをするための最良の手段は、自己診断テストができるＡＩ搭載ボットを持つことでした。そんなＡＩボットの力は、データの力にほかなりません。ただ、そのようなアプリを作るＡＩのモデル・アーキテクチャが見違えるようなものになっているのです。これはほんの一例に過ぎません。

自然言語や画像の認識だけでなく、マルチモーダルなインターフェースもどんどん進化していて、本当に感激しています。言ってみれば、こうしたものは「ビッグＡＩ」です。でも、私は同じくらい「スモールＡＩ」にもワクワクしています。これはシチズンデベロッパーが、ほかの人の音声認識モデルやＯＣＲ（光学文字認識）モデルを使って、現場の何かを自動化したり、効率性を高めたり、顧客サービスを向上したり、廃品回収に対応したりできるようになることです。ＡＩが社会や産業を変えていくというとき、私はこうした「スモールＡＩ」が、「ビッグＡＩ」に勝るとも劣らないインパクトを持つのではないかと考えています。

次世代のテクノロジーへの希望

――マイクロソフトが約10億ドルを投資したＡＩの研究企業「オープンＡＩ」のＣＥＯサム・アルトマンは、こんなことを言っています。

「ＡＩ革命がもたらす影響は、農業革命と産業革命とコンピュータ革命を合わせたものよりも大きくなる」

この見方に賛成ですか。

ナデラ　基本的には同じ意見です。新薬の開発であれ、精密農業であれ、私たちが直面する難題に対し、解決策を出そうとする人たちの手にＡＩを渡せれば、それは大きな変化をもたらすはずです。私にはそこが一番大事なのです。

テクノロジーだけでも素晴らしいものですが、それが真の最終目標ではありません。大事なのは、どうやってそれを使えるようにするのか、というところです。そこに起業家が果たすべき役割があり、国家が果たすべき役割があり、社会が果たす役割があります。そういう意味では時代の潮目にあるといってもいいと思います。社会全体を悪循環ではなく好循環に導くシステムが必要です。

――顧客に力を与え、顧客だけではできなかったことを成し遂げられるようにするのがマイクロソフトのミッションであり、そのためにクラウドコンピューティング、エッジコンピューティング、量子コンピューティング、ＡＩを提供するということですよね。ＡＩに関しての質問ですが、ＡＩは中央集権型のテクノロジーだとお考えですか。それとも分散型のテクノロジーなのでしょうか。ＡＩの普及により、ますます企業に権力が集中することはあるのでしょうか。それとも権力の分散が起きるのでしょうか。

ナデラ　いまから10年後、私たちがまだ、企業への権力の集中に関するこの種の話をしているとしたら、それは私たちがグローバル社会として、新しいテクノロジーが持つ世界を変える力を現実化できなかったということだと思います。

なぜ私は次世代のテクノロジーが民衆に力を与えると希望を持っているのか。それは分散コンピューティングもクラウドもエッジもＡＩも、それから拡張現実（ＡＲ）や複合現実（ＭＲ）なども、変化をもたらす力があると考えているからです。こうした技術は医療を変えられます。農業を変えられます。製造業を変えられます。小売を変えられます。経済が余剰を生み、その余剰が広く行きわたっていきます。これを達成できないなら、私たちはグローバル社会として失敗してしまったということです。

私はここが大事だと考えています。これからの10年、ＩＴ業界は、うまくいけば、周囲に溶け込んでいく感じになるはずです。いまのようにテクノロジーだけが過剰に礼賛される状況は終わりにしなければなりません。10年後は、テクノロジーが私たちと世界にどれだけ大きな影響を与えたのかを語りたいです。私自身が世界市民として、そのことを望んでいます。

アップル
クックCEO「プライバシーなき世界の恐怖」

「個人情報保護は『21世紀の最重要課題』」

Photo : David Paul Morris/Bloomberg via Getty Images

« Tim Cook: Privacy and climate change are 'the top issues of the century' » FAST COMPANY 21/1/28, Text by Michael Grothaus
「ティム・クックが懸念する『プライバシーなき世界の恐怖』」
COURRIER JAPON 21/2/27

Apple　1976年にスティーブ・ジョブズらが設立。本拠はアメリカ・カリフォルニア州クパチーノ。パーソナルコンピュータのMacから始まり、現在では、スマートフォンのiPhone、タブレット端末のiPadなどが売上の約6割を占めている。2018年には、米国企業では、はじめて株式時価総額が1兆ドルを突破、2020年には2兆ドルに達した。2020年の売上高は2745億ドル。営業利益は662億ドル。

テクノロジーが米国内の暴動を助長しているとの声もあるなか、巨大IT企業はどう対策を講じているのか。米国のビジネス誌がアップルのティム・クックCEOにインタビューを敢行。そこで彼が語った本音とは——。

今日《こんにち》、データプライバシーの重要性はかつてないほど高まっている。心拍数から心に秘めた考えまで、想像し得る限りあらゆる個人情報を入手、分析し、分類するテクノロジーは目覚ましい進化を続け、私たちの生活の隅々に入り込んでいるからだ。

「データプライバシーの日」である2021年1月28日には、コンピュータ、プライバシ

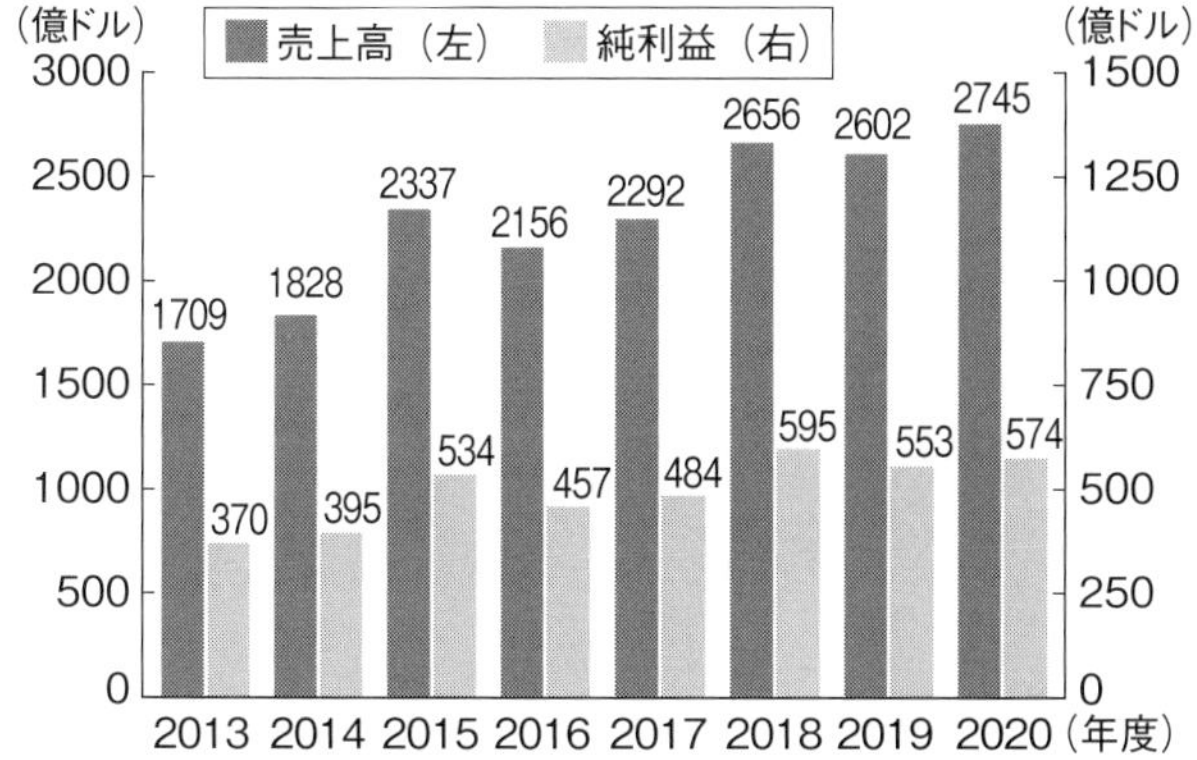

（アップル発表資料より）

アップルの売上高と純利益の推移

ー、データ保護に関する国際会議「CPDP」（本部：ブリュッセル）が開催され、アップルのティム・クックCEOのスピーチがライブ配信された。このスピーチは、ユーザーのプライバシーの重要性を話し合うパネルディスカッションの冒頭を飾るものだった。

　このイベントでクックが話をすることは何ら不思議ではない。アップルはプライバシー問題に本腰を入れて取り組んでいる唯一のテクノロジー大手であり、同社にとってプライバシーの保護は単なる機能ではなく、「プライバシーは基本的人権である」という信念でもあるからだ。プライバシーに関心がある人は（誰もがそうあるべきだが）、クックの率直なスピーチをぜひ見てほしい。

今回のインタビューはこのスピーチの直後におこなわれ、プライバシーをめぐる問題についてさらに突っ込んだ話を聞くことができた。

これは経営者が自社のプライバシー対策を語るPRのためのインタビューではない。私はクックがプライバシーについて話すところを何度も見てきたが、今回は彼の本気度がいつにも増して伝わってきたように思う。

クックの熱弁はプライバシー保護にとどまらず、テクノロジーが米国内の暴動を助長したこと、大手テクノロジー企業が「ビッグテック」と一括りにされることへの嫌悪感、政府による規制の可否、米国で連邦プライバシー法が誕生する可能性にも及んだ。

プライバシーの侵害は「21世紀最大の脅威」

プライバシーの侵害と地球温暖化の問題は別の話だと思うかもしれないが、クックによれば、プライバシーの侵害は人類がもたらした破滅的な地球温暖化に匹敵する重大な問題だという。

「私の考えでは、プライバシーは今世紀最大の問題の一つです」とクックは断言する。

「気候変動は重大な問題であり、プライバシーも同じくらい重要な問題なのです。（中略）

この2つの問題は、その重大性に応じて対処しなければなりません。深く考え、どうすれば改善できるか、どうすれば次の世代に今よりもずっとよい未来を残せるかを考える必要があるのです」

テクノロジー関連の懸念として、クックは他にもエンドツーエンドの暗号化（註：サービスの管理者や第三者などがデータをコピーすることを妨げる技術）に対する脅威を挙げる。

「ご存じのとおり、私は暗号化――バックドアのないエンドツーエンドの暗号化の熱烈な支持者です。私はエンドツーエンドの暗号化をなくそう、弱めようとする動きをつねに警戒しています」

イーロン・マスクが人類の敵と言ってはばからない人工知能（ＡＩ）と、拡大するプライバシー侵害とでは、どちらのほうがテクノロジーの脅威なのか。そう尋ねると「どちらも悪用でき、どちらもテクノロジーによって影響が拡大することは間違いありません」とクックは答える。

「言えることは、どちらに対処するかを選ぶ余裕はもうないということです。私たちは倫理にかなったデータプライバシーとデータ収集を実現する必要があり、同様に、倫理にかなったＡＩも実現しなければなりません」

プライバシーがなくなると人がどう行動するか

私自身もデータプライバシーを重要だと考えている。だから、アップルがアプリの透明性を確保する新機能「アプリ・トラッキング・トランスペアレンシー（ATT）」を導入すること、App Storeに各アプリのプライバシー方針が表示されることをうれしく思うと、インタビューの冒頭でクックに伝えた。

私の知り合いの多くは、こうしたプライバシー強化機能に関心を持っているが、「アプリが私のデータを集めていようがかまわない。隠したいものなんてないから」と言って取り合わない人たちが大勢いることも知っている。

プライバシーに無頓着な人々に、クックはどう対応するのだろうか。彼によれば、今は気にしないと言う人たちも、企業が自分の買い物データや検索ワードなどの個人情報を大量に集めているとわかっていれば、いずれ〝自己検閲〟を始めるようになると指摘する。

「つねに監視されている状態を想像してほしいのです」と彼は言う。

「あなたは自分の行動をどう変えますか。どのような行動を減らし、どのような行動をやめますか。ウェブにアクセスして何かを見たり、調べ物をしたりするたびに好奇心を抑え、自分の行動をどんどん抑制するようになるのではありませんか。そのような世界は誰も望んでいないはずです」

「そうした世界では、ほとんどの人がすぐにこう考えるようになるでしょう。『これとこれを検索しようと思ったが、見ていることを他の人に知られたくない。ちょっと興味があったただけだから』。私が心配しているのは、こうした行動の変化です。これは、すべての人が憂慮すべきことです」

「ビッグテック」とひとまとめにしないで

2000年代初頭をふりかえると、多くのジャーナリストを含め、ほとんどの人がテクノロジー企業のことを世界のあらゆる問題を解決してくれる白馬の騎士のように考えていたと思う。毎月のように新しいガジェットやソフトウェアが登場し、私たちの暮らしを大いに改善してくれているように見えた。iPodしかり、ウィキペディアしかり、グーグルマップしかり。

しかし、それから20年近くがたった今、テクノロジー企業、なかでも「ビッグテック」と呼ばれる大手企業は、特にプライバシーの観点から悪者扱いされるようになっている。こうした扱いの変化を彼はどう見ているのだろうか。

クックは基本的に「ビッグテック」という言葉の使用に慎重だ。世界最大の時価総額と、そしておそらくは世界最大の影響力を持つアップルは、「ビッグテック」という言葉が表す企業群の一つだ。このグループには、他にもフェイスブックやグーグル、マイクロソフト、アマゾンといった企業が含まれる。

「『ビッグテック』と十把《じっぱ》一絡《ひとから》げにすれば、人々は大手企業を画一的に捉えるようになるでしょう。しかし個別に見れば、各社には大きな違いがある」と彼は言う。

「以前から、こうした大雑把な分類は問題だと考えていました。人々にはもう一段、深いレベルで考えてほしい。それぞれの企業に注目し、各社がどのようなビジネスモデルを採用し、どのように事業を運営しているかを見てほしい。企業の価値はそこにあるのですから。それが私の考えです」

米国内の暴動をテクノロジーが助長した？

クックは米国内で台頭する急進的な過激派イデオロギーの広がりに、一部のテクノロジー企業が関係していることにも言及した。今回のインタビューでも、個人データをプロファイリング目的で収集し、「過激主義などをあおるために悪用する」ことを可能にするものの一つは、プライバシーの欠如だと指摘したのだ。

今年初めに起きた米連邦議会への乱入事件では5人の死者が出た。しかし乱入者らの過激化に、一部のテクノロジー企業が運営するプラットフォームが一定の役割を果たしたとして各社を非難することは妥当なのだろうか。私はこの質問をクックに投げかけてみた。

「テクノロジーは、一部の過激な人の声を拡散させたり、人々を組織化し、思考を操作したりするためにも利用できます」と彼は言う。

「暴動に関しては、しかるべき調査が待たれますが、公平に見てテクノロジーが何らかの役割を果たしたことは確かでしょう。我々テクノロジー企業はこの問題から逃げてはなりません。問題を理解し、どうすれば再発を防げるか、改善できるかを考える必要があります」

プライバシー保護規制は実現可能か

クックはCPDPカンファレンスのスピーチで、欧州連合（EU）の一般データ保護規則（GDPR）を好意的に評価した。GDPRは、市民のデータとプライバシーを保護するEUの規則だ。

多くのテクノロジー企業がユーザー保護の強化に消極的な姿勢を見せるなか、規制を導入し、プライバシー問題に踏み込む責任が政府にどこまであるとクックは考えているのだろうか。

「GDPRは、基本的な規制として重要な役割を果たしていると思います」と彼は言う。

「世界中の国が同様の法律を定めるべきです。これを土台として、私たちはさらなる改善に取り組まなければなりません。ＧＤＰＲを手本として、次のレベルに進む必要があるのです」

プライバシー保護規制を検討することは「次のレベル」の一つだ。たとえばアップルはすでにプライバシーの保護に本気で取り組んでおり、「プライバシーの4つの柱」として、データ最小化、オンデバイス処理、透明性、セキュリティに注力している。

「これらのすべてを、新しい規制法案を書き上げられるくらい徹底的に考えていく必要があります。おそらく、企業が自主的にこの問題に取り組むことはないでしょうから」

しかし本人も認めているように、クックは基本的には規制派ではない。「想定外の影響があちこちで生じるでしょう」と彼は言う。

「しかし、プライバシー保護規制に関しては、世界中の政府を巻き込み、願わくは世界全体で統一された基準を策定する必要があると考えています」

インタビューの最後に、私は大手テクノロジー企業がひしめき、ロビー活動も活発な米国で、ＥＵのＧＤＰＲに匹敵する法律が施行される可能性はあるのかとクックに尋ねた。彼がこうした規制がいずれ実現すると前向きに捉えていることには励まされた。

「米国民は今、こうした規制がなければどうなるかを痛感しているところだと思います」

とクックは言う。

「全員ではないにせよ、大多数の人は今の状況をよしとは考えていません。国民の気持ちが変われば、国民の代弁者たちの見方も変わる。ですから、この点については非常に楽観視しています。甘いと言われるかもしれませんが、私は今後の展開を楽観しています」

この楽観主義は私にもある。しかし、実現はもう少し先になりそうだ。

第2章　新しい潮流

スペースX
イーロン・マスク「初有人飛行」成功までの苦難

「なぜ問題発言ばかりツイートするのか」

Photo : Paul Hennessy/SOPA Images/
LightRocket/Getty Images

« Elon Musk Is the Hero America Deserves » Bloomberg Businessweek 20/5/22, Text by Ashlee Vance
「イーロン・マスク『スペースX初有人飛行』成功までの苦難を激白」COURRIER JAPON 20/6/20

Space X　イーロン・マスクが2002年に創設した航空宇宙メーカー。現在の本拠は、アメリカ・カリフォルニア州ホーソーン。民間企業としては初めての宇宙船の打ち上げ、国際宇宙ステーションへの有人飛行などの実績を持つ。民間企業による火星探査などを目標に掲げる。創設者のイーロン・マスクは、電気自動車ベンチャー「テスラ」のCEOも務める。2021年4月20日現在で、マスクの保有資産額は1741億ドルで、世界第3位とされている。

2020年5月30日（現地時間）**に民間初の宇宙船有人飛行を成功させたイーロン・マスク。コロナ禍に沈むアメリカを大興奮させたこの偉業の陰には、倒産寸前の財政破綻やNASAとの1万回にも及ぶ実証試験など、数えきれない苦労があったという。成功までの道のりをマスクの評伝『イーロン・マスク　未来を創る男』**（邦訳は講談社）**の著者が取材した。**

南ア移民の〝ロケットマン〟

2020年5月30日（日本時間31日）、アメリカ人宇宙飛行士ボブ・ベンケン、ダグ・ハ

1971年	南アフリカで生まれる
1988年	カナダに移住
1995年	「ジップ2」を設立
1999年	「Xドットコム（のちのペイパル）」を設立
2002年	ペイパルを売却 「スペースX」を設立
2004年	「テスラ」に投資 会長就任
2008年	スペースX、テスラともに破綻危機 スペースXがロケットの打ち上げに成功する
2010年	テスラが株式上場
2012年	スペースXの「ドラゴン」がISSとドッキング成功
2020年	民間では初めて有人宇宙飛行に成功 ISSとのドッキングも成功 テスラの時価総額が自動車業界トップに
2021年	NASAの有人月面着陸機開発を受注

イーロン・マスクの来歴

ーリーの2人は「テスラ」社のEV（電気自動車）に乗り込み、フロリダのケネディ宇宙センターにあるロケット発射台へと向かった。

到着後、2人は車から元気よく飛び出し、イーロン・マスクがCEOを務める宇宙スタートアップ「スペースX」の新型宇宙船「クルードラゴン」に搭乗した。宇宙船を天上まで運ぶのは、同社製のロケット「ファルコン9」だ。

座席に座った宇宙飛行士たちの前に並ぶのは、ツルツルのタッチスクリーン。冷戦時代の宇宙船のような、やぼったいボタンやノブはない。

クルードラゴンは現地時間の午後3時22分に打ち上げられ、約19時間後に国際宇宙ステーション（ISS）にドッキング。これは民間が開発した宇宙船による初の有人飛行で、アメリカ人宇宙飛行士が国産の宇宙船で本土から飛び立つのはじつに9年ぶりとなる。

南アフリカ移民である〝ロケットマン〟のマスクが、勇敢な愛国者を宇宙へと送り届ける――世が世なら、この一大イベントは大興奮で迎えられただろう。生配信を見た何百万人という子供たちがアドレナリンを放出したに違いない。

ところが悲しいかな、現実はいまとんでもない状況にある。ツイッターで暴言を吐きまくる大統領に、宇宙軍の創設を発表する米軍。そして年初からは新型コロナウイルス感染症（COVID-19）が、世界で猛威を振るっている。

マスク自身にも「ツイッターの失言王」という側面があるため、偉業達成の瞬間を手放しで喜べないという人もいるだろう。

会議も実証実験も1万回

2020年5月17日の夜遅く、マスクは私に電話をかけてきて「けっこうハードな毎日だったよ」と言った。居場所には触れず、夕食に2時間も遅れたと愚痴った。

NASAがスペースXと手を組んだのは、同社のロケットが安全性にコストの安さ、飛行管理能力に優れていると証明されたからだ。この有人宇宙船の打ち上げの成功は、世界がいま猛烈に必要としている無上の喜びが共有される瞬間でもあった。少なくとも政府機関であるNASAが安全基準を維持しつつ、民間企業と提携するという大胆な冒険ができるということは確認できたはずだ。

マスクによれば、打ち上げまでに「会議も実証試験も、1万回くらいはやったんじゃないかな」とのこと。

過去10年でスペースXは約100基の無人ロケットを打ち上げ、その多くを無事に地上に再着陸させている。同社は民間宇宙企業のトップに上り詰め、その企業価値は400億ドル（約4兆4000億円）に迫る。

聡明で勤勉な多くの関係者の努力あってこその快挙だが、成功の原動力は豪胆で、危なっかしい絶頂に足を引っ掛けたマスクその人だ。国内に多数いる筋金入りのアンチ・マスクさえ、アメリカ人としての自尊心をくすぐられただろう。アメリカ帝国が衰退の一途をたどっているいま、アメリカン・ドリームは叶うとマスクが証明したからだ。

「アメリカはいまでも、世界中のどこの国よりチャンスに恵まれた場所です。移民であろうとなかろうと、他の国では決して今回のようなことは実現できなかったはずです」と、マスクもアメリカ愛を隠さずに言う。

超・億万長者にして、コロナウイルス懐疑派、かつ起業家のヒーローがこうしたメッセージを発信しているのが2020年のアメリカらしい。だが、マスクの成功への道のりは決して平坦ではなかった。

旧ソ連のロケット本を読みふける一匹狼

話はいっきに2001年に飛ぶ。マスクはラスベガスのハードロックホテル&カジノのプールサイドに座っていた。前年にナスダックの暴落があり、9・11米同時多発テロが迫っていた。

だが30歳になるマスクにとって、ここまでの人生はまずまずだった。共同設立したペイパルが株式公開を迎えるところで、手持ちの株はほどなくして1億6000万ドル近い値をつけることになり、友人と祝杯をあげていた。

酔った裸の群衆のなか、マスクひとりだけがいかにも彼らしくお祝いをしていた。

「イーロンは、イーベイで落札したとおぼしきカビ臭くてよくわからない旧ソ連時代のロケットマニュアルを読みふけってましたよ。彼は、宇宙旅行や世界を変えるとよく話していました」と、ペイパル立ち上げメンバーのひとりケビン・ハーツは私に語った。

当時のマスクは現在のツイッター上の傍若無人ぶりとはほど遠く、いまだ自己不信に陥りがちな南アフリカ出身の一匹狼だった。実存の憂鬱のなかでさまよい、莫大な金と人生にどう向き合うか決めかねていた。

ロケット会社の起業は、そんな境遇にいる人には財政的に最もお勧めできない選択だろう。ロケットの開発は国家規模のプロジェクトで何十億ドルもの費用がかかるし、製造には何千人もの関係者が長年、それだけに人生を捧げる。かつてロケット製造を試みたひと握りの裕福な宇宙愛好家らは、財産を使い果たして挫折した。

ここから得られるのは「キャリア途上の気まぐれで、ロケットの世界に飛び込むべからず」という教訓だ。まして、「火星に小さな温室を設置して、地球人がインターネットでその様子を見られたら格好いいから」という理由で手を出しては絶対にいけない。だが、マスクがスペースXを設立した理由はまさにそれだった。

破産の危機を救った懇願

だが、それから7年後の2008年の状況は芳しくなかった。スペースXの最初の3つのロケットは爆発か、軌道投入に失敗するかのどちらかだった。さらにマスクがCEOを務めるEV（電気自動車）製造企業のテスラは第1号車の市場投入に向けて苦しんだあげく、破産寸前に追い込まれていた。

マスクは、自身の会社を両方とも存続させるべく、ペイパルの自分の取り分をすべてつぎ込んだ。この財政ピンチの背景には金融市場の崩壊や既存の自動車製造企業の破綻があり、さらにマスクは5人の男の子の母親との離婚協議というプライベート面の問題も抱えていた。

この窮地から抜け出す唯一の方法を探ったマスクは、ポートフォリオの崩壊をただ眺めていた投資家に向かってこう訴えた。

「テスラにもう一度チャンスを与えてほしい。スペースXの工場にはまだ最後のロケットが残っている。皆さんはこのロケットの打ち上げが成功するとは思っていないかもしれないが、投資が受けられればNASAは信じてくれるだろう（NASAは2006年からスペースXの事業に出資していた）」

両社を生かす道はもうこれしか残っていなかった。

「コロナの流行はすぐに終わる」

宇宙スタートアップの「スペースX」とEV（電気自動車）製造企業「テスラ」の両社が倒産の危機に瀕していた2008年、マスクは投資家に掛け合ってその後にロケット、E

V、バッテリー製造のための広大な工場を建設する。
何万人もの従業員を雇用し、世界規模のEVの充電ネットワークを作り、再利用可能ロケットを考案した。事業が軌道に乗りはじめた後も、彼の野心は止まらなかった。

AI（人工知能）のソフトウェア会社を立ち上げ、物資の高速輸送用トンネルを掘削し、人間の脳波を機械につなげるブレイン・マシン・インターフェース（BMI）のスタートアップを設立し、宇宙空間に高速インターネットシステムを構築した。

こうした偉業を成し遂げるマスクが、一方で暴君のごとくふるまうことがあるのは公然の秘密だ。彼のビジネス戦略やふるまいはときに他者を激怒させ、ときに啞然とさせる。

コロナ禍でも、マスクはテスラの工場を強引に稼働させて非難を浴びた。だが、現に稼働すべき工場が彼を待っているのだ。

「われわれは製造業、つまり、ビットの世界ではなく原子からなる世界をもっと重んじるべきなんです。製造業を見下す人は多いが、それは正しくない」と彼は言う。

トランプ大統領と同様、マスクもツイッターを自己表現の道具として利用しているが、ここ数ヵ月は迷走していた。マスクは突然、所持品すべてを売却すると宣言し、奇抜な名前の息子の誕生を発表した。さらに、テスラの株価は過大評価されていると述べ、『星条旗よ永遠なれ』の歌詞を口ずさみ、「フェイスブックは役立たず」とつぶやいた。

だが彼の本当に表れているのは、新型コロナウイルス感染症（COVID-19）に対する彼の姿勢だ。コロナのもたらす社会的影響を過小評価するグループで最も発言力のある人間が、マスクなのだ。

２０２０年3月、彼はアメリカ国内のコロナ新規感染者数を4月下旬には「おそらくゼロに近づく」と予測したが、これは明らかな間違いだった。また、トランプと同じくマスクもマラリア特効薬のクロロキンを支持しているが、医師はコロナに有効だとは証明されていないし、場合によっては危険だと警告している。

社会活動の自粛はやめるべきだと主張する際、マスクは「市民の自由を取り戻そう」「いまこそ自由なアメリカを」といった読み手の心に刺さるメッセージをツイートしてきた。さらにマスクは5月11日、テスラのシリコンバレーの生産工場の再開を、ドーパミン全開状態でツイッターに投稿した。

「テスラはアラメダ郡の規制に反して、本日、生産を再開する。オレはみんなの側に立つ。逮捕するならオレだけにしろ」

このツイートの後、「テスラはカリフォルニアからよその州に工場を移転しろ」といった非難が殺到しても、当のマスクはいっこうにおかまいなしだ。テスラはアラメダ郡から正式にゴーサインをもらい、工場を再稼働させた。その後も、反証が目の前にあるにもかかわらず、マスクは「コロナの流行はすぐに終わる」という自説を頑として引っ込めない。

なぜ、ツイッターで問題発言をくりかえすのか？

コロナの症例診断そのものがフェイクではないか、という発言が科学を愛する人間から出てくるとは思わなかった。だが、マスクはいつだって扇動家だ。

彼は、ツイッター上で一種の宗教的なカリスマになっていると言ってよい。「マスク教」の真の信者は、彼が間違ったことをするはずがないと考え、たとえ過去の立場や当たり前の常識に反しているときでさえ、彼を賞賛する。逆に、マスクのやることなすことすべてを毛嫌いする人も大勢いる。そんな人たちからすれば彼は嘘つきで、金儲けのためなら何でもする詐欺師だ。

だが、コロナに関するツイートは「マスク王国」の動静をかえって危うくした。彼はEVを製造し、気候変動に警鐘を鳴らしているというただそれだけで、長年にわたって保守勢力の一部から不信の目で見られてきた。ところがいまになって突然、コロナ懐疑論と工場再稼働の要求を突きつけることで、マスクは多くの右派勢の支持を得た。

石油大企業のお膝元のテキサス州は、テスラのEV車の販売や整備事業を禁止しようとしていたが、いまでは地元の政治家がマスクと彼の工場を我先にと歓迎している。

では、なぜ彼は問題発言ばかりツイートするのだろう？　自分の限られた時間を「バーチャルな掃き溜め」を見ることに費やしてまで、自分の支持者を敵に回すのはなぜなのか？

この問いに、マスクは次のように答えた。

「すべての人をハッピーにするのは難しい、特にツイッターでは。まったく議論の余地のないことだって言えるよ。でも、それじゃあつまらないし、誰も気にも留めない。これまでの発言には取り下げたいって思うものもあるけど、全体的にはまっとうなツイートの数がダメなツイートを上回っている。ツイッターはメディアを通さず、人々と直接やりとりできる手段なんだ」

目下、テック系ビリオネアは人気がない。何年にもわたって裕福な若いオタクをさんざん讃えてきたテック系メディアは、いまや彼らのやっていることは間違っていて、文明を台無しにしたと手のひら返ししている。だが、この世界に複雑さの入る余地がいまもあるかぎりは、マスクのウソみたいな傑出した物語を考えてみる必要はある。

口を極めてマスクを批判する人の一部は、トランプと同じく彼も親愛なる父親の懐の深さに支えられてキャリアをスタートさせたと吹聴してきた。

電気技師だった父エロルはエメラルド鉱山のわずかな一角を所有していたが、鉱山が経営破綻して彼の投資は蒸発した。マスクは自分の築いた帝国が一族の財政支援を受けて作られたという主張にツイッターで反論している。

今回マスクが私の取材に応じた理由は、ロケットの打ち上げについて話すためだけでなく、記事を通して世間一般の誤解を解きたいと願っていたからだ。そしてこれはあくまでも個人的見解だが、数百人の関係者に取材をした結果、マスクの話には信憑性があると私は考える。

誰が何と言おうと、マスクは間違いなく「たたき上げのビリオネア」だ。

「学生ローンや奨学金を組み、働きながら自腹で大学に通って卒業したけど、最終的に10万ドル（約1100万円）の学生ローンが残った。最初の会社を2500ドルで立ち上げ、コンピュータと車を1400ドルで買った。すべて借金だ。父さんにはそんな額を支払う能力もなければ、払う気なんてハナからなかったね」

私は、マスクの評伝『イーロン・マスク　未来を創る男』を書いた人間として、スペースXからテスラまで彼の人生の軌道上にあるものすべてを観察して何年も過ごしてきた。

インタビュー中の彼は、話しすぎなぐらいおしゃべりになったかと思えば、侮辱されたと感じるや何週間も何ヵ月も音信不通になる。評伝の取材で熱く、実りの多いやりとりをしたのも束の間、私は出版後にマスクの不興を買い、かなり長いこと取材できなかった。
ときおり急に電話がかかってくることもあったが、ほとんどの場合は音沙汰なしだ。

コロナ禍に無関心だったシリコンバレーを批判

マスクは何年も前から、シリコンバレーの才能のムダ遣いに不満を持っていた。彼の言い分には一理ある。テスラ本社と生産工場のあるベイエリアは世界一の技術者と富裕層が集まる土地であり、世界最高のハイテク企業群や大学、病院もある。

だが、ベイエリアではコロナの死亡者数はゼロに近づいているにもかかわらず、経済再開に向けたアイディアはほとんど出ていない。アプリやチープなサービスを持ち出しては「世界を救う」と叫ぶシリコンバレーの住人は、いざその必要が出てくると決まって姿をくらませる。

マスクは、経済を元通りにしてくれる方法を誰かが思いつくまで待つつもりはないと言う。

「スペースXは国家安全保障上の理由で自粛を免除されているので、都市封鎖が発令された後も8000人がフルタイムで働いていた。スタッフはロサンゼルス、ワシントン、テキサス、フロリダで勤務していたけど、重篤な病気にかかったり亡くなったりした者はいない。7000人が働く中国のテスラ工場の状況もほぼ同じだ。コロナ禍が収まるころには、思っていたほどひどくはなかったということが明らかになると思う」とマスクは言う。

とはいえ「パンデミックは起きない」とマスクが主張するのは、皮肉な気もする。なぜなら、スペースXのプロジェクトはそもそもパンデミックのような災禍から人類を守るために始まったからだ。

マスクは小惑星の衝突や疫病の流行といった有事に備え、火星にコロニーを建設したいと考えている。彼の夢のため、スペースXのエンジニアは「スターシップ」と呼ばれる巨大宇宙船の建造にも追われている。

公式サイトによれば、この宇宙船は人間を月、火星、そしてそのもっと先へ連れて行くための乗り物になるという。この手の冒険は、数十年前には笑い話に聞こえたかもしれないが、いまやきわめて現実的な事業なのだ。

誰もがスペースXをクレイジーな宇宙スタートアップだと思っているが、マスクの起業した会社のなかでは最も成功を収めている。初の有人宇宙飛行に続き、ISS（国際宇宙ステーション）への複数回におよぶ再供給ミッションや軍事衛星、民間顧客向け通信衛星の軌道放出など、同社は今後も多くのプロジェクトを抱えている。

同社はNASAの有人月探査計画の参加に名乗りを上げているし、トム・クルーズをISSに送り込んでの映画製作の話もある。こうした慌ただしさも急成長する新たな宇宙産業の活動の一環であり、その起爆剤となったのが、マスクとスペースXなのだ。

人類にとって最高の瞬間

マスクとスペースXのせいで、私まで宇宙オタクになってしまった。

カリフォルニア、テキサス、アラスカから仏領ギアナ、インド、ニュージーランド、ウクライナまで旅して、ロケットの打ち上げを観覧した。どのロケットの打ち上げにも、未知のワクワク感がある。ほっそりした背の高い金属チューブは液体爆発物で満たされている。カウントダウンがゼロに近づくにつれ、シューシューという荒い息遣いが聞こえる。

そして発射……！

重力の強大さが目に見えてわかる。地面に巨大な火炎の渦を吹きつける、このとてつもなく大きな物体は推進力を得ようと必死だ。上がるか、上がらないか。まるでマスク自身のように、ロケットも次の瞬間どうなるのかが見たくなる。

スペースXの有人宇宙船の打ち上げは、直近のマスクの「パンデミックは起きない」発言のせいで正当に評価されないかもしれない。残念だ。

しかしながら、いつでもやりたいようにやり、自分の創造した現実のなかで動くのがマスクのやり方だ。この流儀からスペースXの偉業も生まれた。

ロケット打ち上げ当日、マスクはフロリダにあるケネディ宇宙センターに向かい、スペースXとNASAのチームによる最終的な技術調整に立ち会った。天候が味方して、ロケットに搭載されたすべての技術が設計通りに動けば、ふたりの飛行士は地上のパンデミックを脱出し、星のきらめく世界へ向かう。

打ち上げを間近に控えた日、マスクは私にこう語った。

「成功するとしたら――自分で言うのもおこがましいけど――そのときは人類にとってとてつもなく最高な瞬間になる。誰もがお祝いしたくなると思うよ」

ネットフリックス
私たちを自宅に釘付けにした男、ヘイスティングス

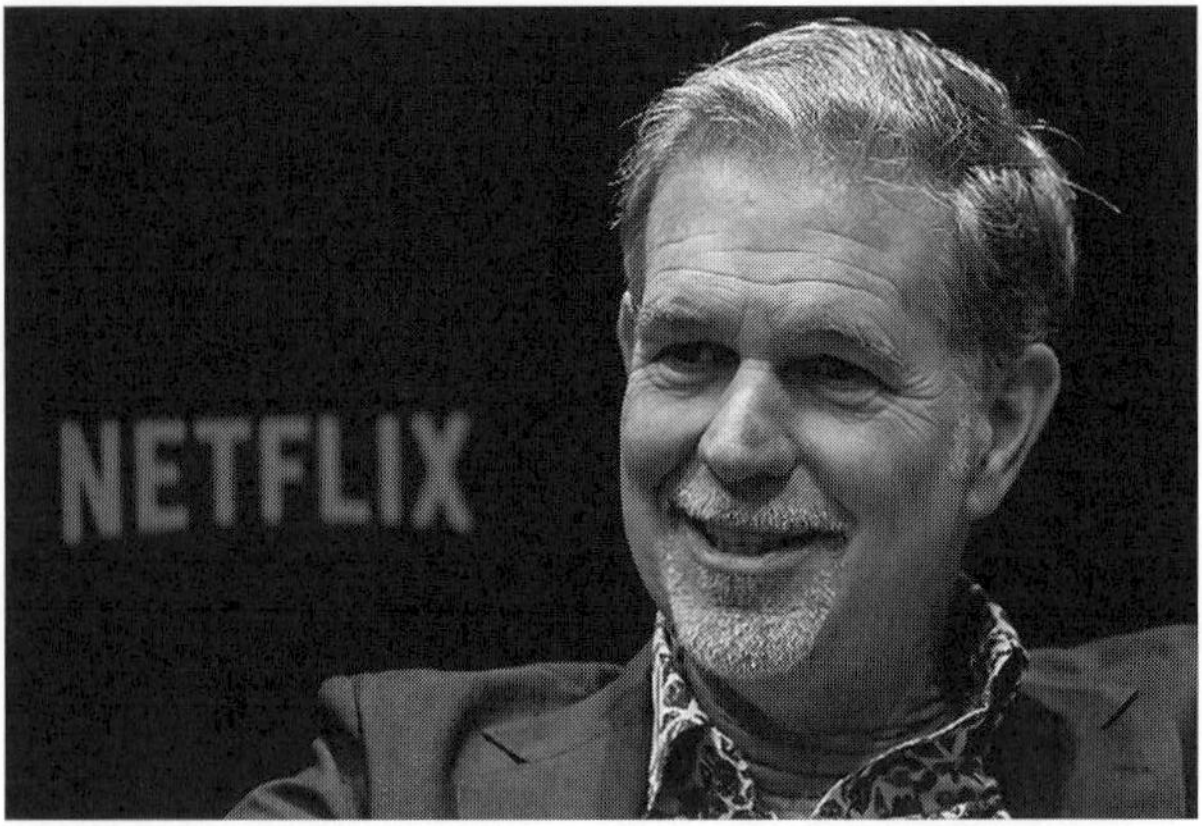

「優勝をめざすよりも、安定した雇用を重視するのであれば、ネットフリックスが正しい選択とはいえない」

Photo : Ore Huiying/Getty Images for Netflix

« Reed Hastings Had Us All Staying Home Before We Had To » The New York Times 20/9/4, Text by Maureen Dowd
「私たちを自宅に釘付けにした男、リード・ヘイスティングス」COURRIER JAPON 21/1/3

NETFLIX　1997年、リード・ヘイスティングスらが設立した定額制動画配信サービス会社。世界190ヵ国以上でサービスをおこない、契約者数は2億人を突破。2020年の売上高は250億ドル。営業利益は46億ドル。2013年に1億ドルもの制作費を投じたとして話題になった「ハウス・オブ・カード」など、オリジナルコンテンツの制作に力を入れている。本拠はアメリカ・カリフォルニア州ロスガトス。

かつてDVD郵送レンタルからスタートしたネットフリックスは、動画配信サービス、自主コンテンツ制作、グローバル化とビジネスモデルの破壊をくりかえしてきた。快進撃の秘密は、社員のパフォーマンスを最大化するネットフリックス独自の企業文化にあると言われている。

共同設立者・会長兼共同CEOのリード・ヘイスティングスは、新刊『NO RULES（ノー・ルールズ） 世界一「自由」な会社、NETFLIX』（日本経済新聞出版）においてその内情を明かしている。

このたび、「ニューヨーク・タイムズ」紙はヘイスティングスに独占取材を実施。謎に包まれた人物の人となりが浮き彫りになった貴重なインタビューである。

〝ハリウッドを殺した男〟と言われるのは気分が良い？

「いいや」。ネットフリックスをエンターテインメント界のゴジラに育てたリード・ヘイスティングスは言う。「もちろん、ハリウッドを殺してなんかいないよ」。

59歳（2020年9月当時）にして痩せ型で白髪まじりのヘイスティングスは、自身が多大な影響をおよぼす業界において謎の存在だ。「ここでは、まったくもって影が薄い」

——あるハリウッドの大物は言う。

ヘイスティングスは、ハリウッドスターとサン・ビセンテ・バンガローズにいるところを目撃されたためしがない。コート・ダジュールの「ホテル・デュ・キャップ」のプールで大声を上げることも、プレミアを渡り歩くこともない。サンダンス映画祭の列に並ぶことはあっても、列に割りこむことはない。

DVD宅配サービスから始めた彼の会社は、いまや映画界でもっとも勢いがある存在となった。ヘイスティングスはドラマ制作の中心地にいるが、自身にドラマ性はない。既存のインフラを着実に、自身のそれと置き換えている。

スタジオの首脳陣が失脚し、エージェントが混乱し、経営陣への巨額の退職金がなくなり、ディズニーは迷走。新型コロナウイルスの流行でテーマパークや映画館が壊滅的な打撃を受け、＃MeToo運動はいまだ反響が収まらない。
構造変化のなかでネットフリックスは太陽を覆い隠した。長いこと排他的な古い勢力に抵抗してきたストリーミングが、いまや絶対王者となったのだ。ルイス・B・メイヤー（註：MGM創業者で絶大な権力を握っていた）よ、安らかに眠りたまえ。

「ニューヨーク・タイムズ」紙のコラムニスト、ベン・スミスは、古きハリウッドに〝弔辞〟を書いた。

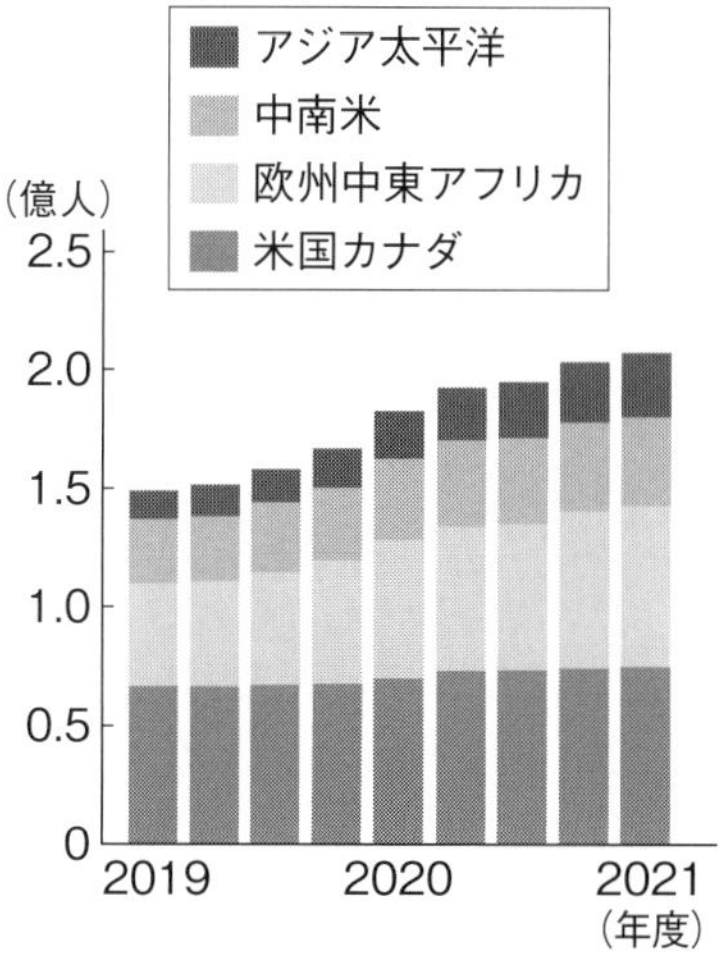

（日本経済新聞2021年4月21日付）

ネットフリックスの会員数

エンターテインメント専門誌「ハリウッド・リポーター」版元の元共同社長ジャニス・ミンも、ネットフリックスが「パンデミックに打ち勝って」地上波テレビ、衛星放送、ケーブルテレビの視聴者を吸い上げていることに同意する。
「テレビ業界の連中は、ネットフリックスの黎明期にはみんな居眠りしていいた仲間について言う。

とバリー・ディラー（20世紀フォックスの元会長兼CEO）は、ハリウッドで権力を握っていた仲間について言う。

「目が醒めたときには、支配権が失われ、ふたたび手にすることはなかった。テレビ業界はエンターテインメント界の支配権を失っていた」

ディラーによれば、たいていの実業家がハリウッドのステータスや魅惑に惹きつけられるところ、ヘイスティングスは「けっして誘惑にのらない」稀有な人間だ。「しかも、名ヴァイオリニストさながらの寸分の狂いのない仕事を、ハリウッドを舞台にやってのける」。

さて、自称〝数学オタク〟にして散歩しながらの思索を趣味とし、海兵隊で訓練を受けたのちに平和部隊に移り、スイスで数学を教えていた男は、いかにして古きハリウッドを骨抜きにしたのだろうか？

母や父の影響を色濃くうけて

ヘイスティングスによれば、母はボストン社交界の名士録に載っている家系の上流階級出身で、弁護士だった父はのちにニクソン政権で働いた。母親は上流社会にうんざりしていて、子供たちには嫌な世界だと教えこんだ。かくして、ヘイスティングスは幼いころからエリート社会と距離を置き、装飾は避けたほうがいいと思うようになった。

虚構と芝居の世界に君臨する新たな王は、虚構と芝居がかった行為を嫌うのだ。「すべて母や父から受け継いだものじゃないかな」と、ヘイスティングスは小声で言う。派手なことと言えば、せいぜいポルシェに乗ってポーズをとった姿が1995年に「USAトゥデイ」の表紙を飾ったことくらい。テック企業の重役だった頃のことだ。そうした〝超楽しい〟だけの幼稚なことは卒業したと言って、ポルシェを売却し、トヨタのアバロンに乗り換えた（いまはテスラに乗っている）。

たしかに地味な男だが、ヘイスティングスが、ハリウッドの駆け引きに長けたパートナーのテッド・サランドスとともに采配を振るっているのは間違いない。

ヘイスティングスによれば、サランドスは〝ネットフリックスのコンテンツの要〟だ。物心ついたころからテレビに釘づけで、レンタルビデオ店で働くためにアリゾナのコミュニティ・カレッジを中退した。最近、自らを格下げし、サランドスと共同CEOの地位についたヘイスティングスは、二人のパートナーシップを「前向きで、利他的」だと説明する。

前出のジャニス・ミンによれば、「ネットフリックスは、さまざまな理由から嫌われてきた」と言う。電話を折り返してくれなかったとか、いくら営業トークをしても大きな契約を取りつけられないとか、割のいいバックエンド契約を与えてくれないとか。ネットフリックスのカルチャーは傲慢でカルト的で恐怖のカルチャーだと噂される。

「でも、いまでは」とミンは続ける。「嫌うには、ネットフリックスは大きくなりすぎてしまいました」。

15年後、ハリウッドはどこへ向かう?

絶頂期の大英帝国のように、ネットフリックスは領土を世界へと広げている。『ザ・クラウン』で英国王室のドラマを赤裸々に描き、いまやその王子さえも手中におさめた。2020年9月、同社はヘンリーならびにメーガンと複数年契約を締結している。

ネットフリックスのコンテンツ提供者にはオバマ夫妻、ライアン・マーフィー、ションダ・ライムズ、ケニヤ・バリスがいる。エヴァ・デュヴァネイはコリン・キャパニックとチームを組み、ネットフリックスでドキュメンタリーシリーズを始める。HBOの大物で、「ゲーム・オブ・スローンズ」で制作総指揮を務めたデイヴィッド・ベニオフとD・B・ワイスのコンビは、劉慈欣原作の中国のSF小説シリーズ「三体」をドラマ化する。人類がはじめて宇宙人と遭遇するストーリーだ。

これまで長きにわたってハリウッドを牛耳ってきたのは、大半が白人でリベラルを自認する男たちだった。映画芸術科学アカデミーにしがみつき、アジア人、黒人、女優のいずれかが主演し、興行的な成功をおさめるたびに衝撃を受ける。そんな業界を、ネットフリックスはすみやかに民主化したのだ。

ネットフリックスが提供するコンテンツは、日本の下着メーカーを舞台にしたドラマ、ベルギーの刑事ドラマ、電話オペレーターにまつわるスペインの時代劇、ポルトガルの闘牛士のドキュメンタリーと多彩だ。黒人の番組制作にも多額の資金を投じている。

とはいえ、世界帝国の運営にはリスクがともなう。2019年、ヘイスティングスがサウジアラビアの検閲に屈して、コメディ番組『ハサン・ミンハジ：愛国者として物申す』のエピソードを削除したときは、批判を浴びた。主演のハサン・ミンハジがムハンマド・ビン・サルマン皇太子を酷評したためだが、ネットフリックスのCEOとしての「我々は権力者に真実をつきつけようとしているのではなく、エンターテインメントを提供するのが目的だ」という発言も、さらなる非難を浴びた。

あれは「不適切な表現」だったと彼は言う。ネットフリックスは何度も「苦渋の選択」や妥協をしなければならず、「動揺したのはたしか」だと。だが、ネットフリックスはそのエピソードをYouTubeで観られるようにし、『クィア・アイ』はサウジアラビアでも視聴できる。つまり「あの件を経て、建設的なことが起きたんだ」。

15年後、ハリウッドはどこへ向かうだろうかと訊くと、ヘイスティングスはこう答える。「これまで以上に物語が制作され、これまで以上に共有されるはずだ。だが、制作現場はアトランタ、バンクーバー、ロンドンなど世界に広がり、ハリウッドに限定されなくなる」

新生ハリウッドは、グレース・ケリーのようなスターを生むだろうか？　気まぐれな仕掛け人ではなく、アルゴリズムに支配されているように思えるけれど。

イエス、とヘイスティングスは答える。だが、そのスターは演技ができるだけでなく、ソーシャルメディアに長けていなければならない、と。

ユーザーにオススメ作品を呈示するネットフリックスのアルゴリズムに違和感を覚える人もいるだろうが、「私はそこが好き」とヘイスティングスに伝えた。

私が好みを〝裏切り〟〝復讐〟〝人生の破滅〟と入力すると、次々に観たいものを勧められる。彼自身はインディペンデント映画や〝暗い〟〝難解な作品〟を好む傾向があるという。

イーロン・マスクは「自分より100倍おもしろい」

自身を「きわだった才能がない、かなり平均的な子供だった」とふりかえるヘイスティングスは、スタンフォード大学でコンピュータサイエンスの修士号を取得している。

ヘイスティングスはソフトウェア会社「ピュア・ソフトウェア」を設立後、マーク・ランドルフと出会い、DVDのレンタル宅配サービスを始めた。ネットフリックスの創業秘話については意見が分かれる。ランドルフは、2人がDVDの宅配を思いついたのは、車に乗っていたときだったと言い、ヘイスティングスは借りたVHSビデオの延滞金40ドルを払わなくてはならなかったときにひらめいたと主張している。

億万長者にしてはめずらしく、ヘイスティングスはインタビューでも控えめだ。

ヘイスティングスは、イーロン・マスクが「自分より100倍おもしろい人間だ」と言う。「私がベーシックなこと、伝統的なことをうまくこなす」のに対し、イーロン・マスクは「あらゆる面で型破り。とにかくスゴいの一言に尽きる」。

「スティーブ・ジョブズのようには、なれない。あれほどクリエイティブで、才気あふれた人はいない」と続ける。ディズニーの会長に関しても「ボブ・アイガーの大ファンでね。じつに高潔で政治に長けている」と褒め称える。

金払いのいいネットフリックスが優秀な人材を根こそぎかっぱらっていることを考えれば、ディズニーの幹部からハイソなレストランで『サマーラの町で会おう』風に飲みものをぶっかけられないのが意外だと、私は言ってみた。

「いい話のネタになりそうだね」。ヘイスティングスは素っ気なく言うだけで、ディズニーのエグゼクティブやクリエイターを引き抜いたとき、ディズニーの重役たちに激怒された話はしなかった。

カフェテリアでランチする男

今回のZoom取材において、画面越しのネットフリックスの権力者は、チェック柄のシャツにカーキパンツという格好に裸足で、リラックスしているように見えた。彼が〝コロナ禍の隠れ家〟と呼ぶのは、かつて息子が使っていたベッドルームだ。ヘイスティングスはカリフォルニア州サンタクルーズの自宅で、妻のパティ・クイリンと30年ほど暮らしている。

「4ヵ月前、このベッドルームで収支報告をしたときは、爆笑されたよ」と彼は笑う。「ホームオフィスをつくる気はなかった。パンデミックはじきに収束すると信じていたからね。ひと月、またひと月と、ここを整理もせずに使っていたのは、その希望にしがみついていたからだ」

「閉じられた空間は、隠蔽の象徴である」と信じている彼は、オフィスを持たないし、本社にも個室がない。開閉式の抽斗《ひきだし》すらない。「必要とあれば会議室を占領するかもしれないが、歩きながら話すのが好きなんだ」と説明する。

「彼は自分でカプチーノをいれてますよ。ハリウッドのオフィスには重役用の食事スペースもありませんし」ネットフリックスのある社員は証言する。「彼もテッドもカフェテリアで食事をとってます。ほかの社員と一緒にね」。

パンデミックによって、ライバル企業への認識は変わったのだろうか？

脅威というものは思いもよらないところからやってくると、ヘイスティングスは言う。

「たとえばコダックと富士フイルムは、フィルムをめぐって100年ものあいだ競合していたが、結局、市場を制したのはインスタグラムだった」

では、マーク・ザッカーバーグ、シェリル・サンドバーグ、ジャック・ドーシーは、選挙干渉やデマ拡散の脅威への対策を十分おこなったと思うか？

「新しいテクノロジーは、現実の問題に対処しなくてはならない。とはいえ、知ってのとおり、ソーシャルメディアは過渡期にある」彼はさらに続ける。

「自動車は、人間に移動の自由を与えてくれる偉大な発明品だと思われている。だが、多くの人々が自動車事故の犠牲になってきた。映画も、ヒトラーの恐ろしい目的のために利用された」

ヘイスティングスは続ける。「だから、マークやシェリルは、そうした問題に真摯に向き合っていると思う」。

2016年、ヘイスティングスは、ドナルド・トランプが「アメリカの優れたところの大部分を破壊する」との懸念を表明した。フェイスブック創設時の投資家、ピーター・ティールが共和党大会で演説をおこなうと、「誤った判断」との理由から、フェイスブックの取締役会において否定的な評価を下さなければならないとティール本人に伝えたほどだ。

２０１７年、イスラム教徒の入国禁止令が出されると、ヘイスティングスはトランプ大統領の行動が〝非アメリカ的〟とする投稿をフェイスブックに上げた。

トランプが再選した場合について、ヘイスティングスは「良くはないが、アメリカの終わりだと嘆いたりはしない。アメリカには非常に高い回復力と、軍事施設にせよ、官公庁にせよ、すばらしい公共機関がある。南北戦争や大恐慌のような痛手を被ることはないはずだ」と言う（註：原文記事の公開は大統領選挙前）。

ヘイスティングスが支持するのはジョー・バイデンだが、前回の選挙戦のときのようにそれを公言したり、党大会に一喜一憂したりしない。

「ＣＥＯが政治的見解を表明したところで、大半の人々は影響されないだろうからね」

ネットフリックスがオバマ夫妻のようにトランプと契約することはあるだろうか？

「考えたことはないな」とヘイスティングス。だが、自分の政治的見解をネットフリックスに持ち込むつもりはないと言う。

「パフォーマンスが悪ければ、寛大に解雇される」

ネットフリックスの企業精神については、ヘイスティングスがエリン・メイヤーと綴った新刊『NO RULES（ノー・ルールズ） 世界一「自由」な会社、NETFLIX』に詳しく書かれている。

本書は、有名だが、悪名高い「NETFLIX Culture Deck」から生まれた。129枚のスライドから構成される社内資料で、ヘイスティングスは2009年にインターネット上で公開している。2013年に「GQ」が特集で取り上げ、「シリコンバレーから生まれた、最強の文書」とシェリル・サンドバーグに言わしめた（当時、ヘイスティングスはフェイスブックの取締役だった）。

共著者で経営学者のエリン・メイヤーは、当初、そのなかに書かれたいくつかのルールを嫌い、ネットフリックスの企業文化を『ハンガー・ゲーム』に喩えている。だが、ヘイスティングスにはどれも改革には不可欠との確信があった。

ネットフリックスは最高水準の報酬を払い、彼らがトップクラスの人材を求める。逸材ばかりの集団に、凡人はいらない。「自由と責任」の職場は、柔軟性に欠けるようにも思える。

「パフォーマンスが悪ければ、寛大に解雇される」とルールにはある。

　上司は、「キーパーテスト（訳註：慰留すべき社員かどうかを判断するテスト）」を使って凡庸な社員を把握し、不平を言う社員、悲観的な社員には辞めてもらう。その人材を引き留めるのにどれだけ懸命になれるか？　と問い、その答えが「それほど一生懸命になれない」であれば、辞めてもらう。元幹部は、本書で「連中は弱い社員、苦悩する社員を見捨てるペンギンの集団のようで、弱者に生彩を取り戻してやろうとするゾウの集団ではない」と憂慮している。

　社員は「キーパーテスト・プロンプト（The Keeper Test Prompt、その社員を雇いつづけたいかどうかを判断する）」の活用を勧められ、自分が引き抜かれそうになったとき、上司が懸命に引き留めようとするかどうかを確かめる。

　ネットフリックスでは「平均的で礼儀正しい人間の慣習」をなくすために実践される「マキシング・アップ・キャンダー（Maxing Up Candor）」が日常の一部になっている。日々「サークル・オブ・フィードバック」と呼ばれる反応が周囲の同僚から寄せられ、年に一度の「３６０度評価」においてチームに留まれるかどうか決定する。

　感情を吐露することのない家庭に育ったというヘイスティングスは、結婚のカウンセリングを受けたときに、社内の透明性を高めるためのアイディアを得たという。

組織の階層をなくせば、企業はもっと機敏に対応できるとヘイスティングスは考えている。

社員は、いつでも上司や部下を批判できる（これはションダ・ライムズやライアン・マーフィーのような逸材には当てはまらないだろう）。社員は、新しいアイディアを生み出すために、意見の相違を育み（「ファーム・フォー・ディセント」）、他の社員とのあいだで自らのアイディアを「ソーシャライズ」させる。失敗は「日光を当てる」、つまり、包み隠さず、頻繁に話されなくてはならない。

ヘイスティングスは、社員をファミリーではなくチームだと考える――かならず優勝トロフィーを手にするスポーツチームだと。

「優勝をめざすよりも、安定した雇用を重視するのであれば、ネットフリックスが正しい選択とはいえない。それについて、われわれは隠しだてするつもりも、自分たちの考えを押しつけるつもりもない」と同書にはある。

ヘイスティングスは管理職についてこう書いている。「好ましく、尊敬できる社員を気持ちよく解雇させるには、組織に貢献したいという欲求が必要だ。各ポジションにスターがいれば、ネットフリックスがさらに発展し、皆が幸せになると思えなければならない」。

聖なるアイン・ランド（訳註：夢の実現のためにエゴイズムを肯定した）よ！

「彼は稀有な男だが、冷徹なまでに理性的で、計算高い」

ヘイスティングスは、共同創業者だったマーク・ランドルフさえも降格した。元共同創業者の過激なまでの公平さについて、ランドルフはこう述べている。「彼にダメな理由をくどくど説明されたら、ここに居すわることなんてできない」。

ヘイスティングスは、創業時からともに仕事してきた親友のパティ・マッコードも解雇した。人事責任者だった彼女は「NETFLIX Culture Deck」をまとめ、ともに車で通勤していたのに。

「君が言うほど簡単なことではなかった」と彼は言う。「頭で考えることと、心で感じることの間には葛藤がある」だが、「ときには仕事に熱が入っていないようだとか、会社が成長して新たな課題に立ち向かうには、きみにはないスキルを持った新たな人材が必要だ」と言わねばならないときがある。「話し合いにつぐ、話し合い。『アプレンティス』のように簡単にはいかない」。

本書において、彼は「私たちの友人関係はつづいており、恥の意識はない」と綴っている。

ネットフリックスを解雇されたある幹部は言う。「その人の能力では会社が抱える問題を解決できない、あるいは潜在的なリスクを回避できないとリード・ヘイスティングスがみなせば、解雇される。彼は稀有な男だが、冷徹なまでに理性的で、計算高い。だが、そのトレードオフとして、楽しい生活が続けられ、大金を稼ぐことが許される。運が尽きたら、運が尽きたまでのことだ」。

当初、エリン・メイヤーは、ネットフリックスのカルチャーが、悪い経営の代表例ではないかと思った——「異常なほど男性的、過度に対立的、露骨なまでにアグレッシブ」だと。「卓越した仕事ができないからと激務に耐える社員を解雇するのは果たして道義的なのか」とも。

日々、プレッシャーをかけられるとすれば、安心して「夢をもち、率直に話し、リスクをとれる」わけがない。

だが、彼女は同書でネットフリックスの「すばらしい」成功は反論すべくもないし、社員調査は高い満足度を示していると、締めくくっている。当初想定したような密告の類はなかったという。

取締役会に自身が解雇されることはない？

ヘイスティングスは、これらすべてのルールが自分にも適用されると書いている。「上司にあたる取締役会には、社員と同等に扱ってほしいと伝えている。私が失敗をするまで、更迭を待つべきではないと」。

さらに彼はこう書いている。「そのおかげで四半期ごとに自分のポジションに見合った成果を上げようという意欲がわく。トップの座を守るために自分自身も向上しなくてはと思う」。

だが、実際には取締役会に解雇されることはないのではないか？　実際、彼は「Qwikster」の大失敗を生き延びている。２０１１年にＤＶＤレンタルサービスに特化した「Qwikster」を分社化すると、ネットフリックス株は75％以上暴落し、「われわれが築き上げたものが、すべて崩壊した」事態に陥った。

「取締役会は、きっと解雇するはずだ」とヘイスティングスは言う。「リーダーとして私以上にふさわしい人がいればね」。だが、私が投げかけた疑問に賛同する。「証明されたことではないから、信憑性は高くはないだろうけどね」。

同書は、他の文化圏に「ネットフリックスの流儀」を課すかどうかの問題を取り上げている。特にアジアやブラジルにおいては、彼らのやり方が不躾だとか、文化を損ねるとみられかねない（ちなみにオランダにおいては、彼らはアメリカ人よりずけずけ言うので問題ないようだ）。だが、ヘイスティングスは諦めない。戦略を強化するだけだ。「（アメリカより）非直接的な文化圏では、公式のフィードバックの機会を増やす」。

だが、ヘイスティングスが「徹底した情報共有環境」と呼ぶものは、私にしてみれば地獄でしかない。私がフェイスブックをやらないのもこれが理由だ。

それで、私はヘイスティングスに打ち明けた。批判に極端に弱いから、私にはネットフリックスで仕事はできないと（自分の職業を考えたら、皮肉でしかないが）。それに私は不平を言うのが好きだし、悲観的だ。

「なかには、あなたのように、批判されるのが好きじゃないという人もいるでしょう」とヘイスティングスは言う。ネットフリックスは万人向けではない、と。

今回の取材をもとにキーパーテストをしたら、私はどのように評価されるかと、恐れおののきながらヘイスティングスに聞いてみた。

「いますぐ解雇します？」

ヘイスティングスは外交的に答えた。「いつか直接会ったときに、やり直せたらと思う。そのときは、あらゆる意味でもっと充実したものになるはずだ」。

最後にイエスノー形式の一問一答

――ネットフリックス配信映画のお気に入りは、官能ドラマの『愛は、３６５の日々で』だそうですね？

本作品は、大半の人々が思うよりも刺激的だと言っておこう。

――HBO Go や HBO MAX にご自身が契約しているかどうかわからないって本当？

イエス。

――ネットフリックスを観ながら、したいという欲求にかられたことはある？

ノー。

――ジェフ・ベゾスは中年の危機に陥っていると思う？

ノーコメント。

――『ROMA／ローマ』がお嫌いだとか。

『ROMA／ローマ』は、すばらしい。

――２０１９年、ある集会で、ネットフリックスなんて消え失せろと劇場のオーナーに言ったヘレン・ミレンはあなたの『デッド・トゥ・ミー』のリストに載っている？

ノー。皆、むかしから反ネットフリックスだ。

――ロバート・アイガーは21世紀フォックスではなくツイッターを買収すべきだった？

おもしろい質問だ。ノーとしておこう。マイケル・アイズナーがＣＥＯだった時代を思い出すと、ディズニーは「ゴー・ドット・コム（Go.com）」を買収したが、あまりにも勝手が違ったためにダメにした。「ツイッター」は、ユーザーがコンテンツをつくっているし、議論がある。会社を大きくするためにフォックスを買収したアイガーは、正しい選択をしたと思う。

――毎年、ケーブルテレビ局Starzとの取引が成立した記念日に、ジョン・マローンとグレッグ・マッフェイに礼状を送っている。

まったくその通りというわけではない。

――ネットフリックスに引き込めないけれど、ネットフリックスに欲しい人材はジョン・マローン?

そうだね。彼は、尊敬する人物という点で、ビル・ゲイツに近い。

――父親がニクソン政権で働いていたとき、子供だったあなたは週末をキャンプ・デービッドで過ごし、ニクソンの金色の便座を見た?

イエス。

――2016年、ジェフ・ビュークスがタイム・ワーナーのCEOだったとき、彼はネットフリックスにハリウッドの座が奪われるとの考えに憤慨して、こう言いました。「あのアルバニア軍が世界を乗っ取るというのか?」と。そして、いまあなたは2週間ごとにビュークスにテキストを送っている。「どんなもんだい?」って。

いいや、それはきっぱりと否定したい。彼はすばらしい、思慮深い人間だ。

――でも、背中にアルバニア軍のロゴのタトゥーがある？

アルバニア軍のドッグ・タグなら持っている。

――ネットフリックスのロビーは、新しいＭＧＭの社員食堂？

イエス。

――TikTokが一番厄介な競合相手？

ノー。

――掃除機の訪問販売をしたり、ボストンのコンピュータ会社でコーヒーを淹れたりしていた経験がある？

イエス。

――メディア企業の幹部は、稼ぎすぎていると思う？

イエス。

ショッピファイ「アマゾンの対抗馬」として注目される理由

「自分たちは反乱軍」

トビー・リュトケ
Photo : David Fitzgerald/Sportsfile via Getty Images

« Can Shopify Compete With Amazon Without Becoming Amazon? »
The New York Times Magazine 20/11/24, Text by Yiren Lu
「【徹底解説】なぜ『アマゾンの対抗馬』としてショッピファイが注目されているのか」COURRIER JAPON 21/1/2

Shopify　2006年にトビー・リュトケらによって設立されたeコマースのプラットフォーム。カナダのオタワに拠点を置く。全世界175ヵ国で展開、2020年の取扱高は、1196億ドル。売上高は29億2950万ドルで急成長を遂げている。

コロナ禍で利用頻度が高まったeコマース市場は、アマゾンが大きなシェアを握っている。ただし近年、自社のブランド力を高めたい企業のあいだで〝反アマゾン〟の動きが広がっているのも事実だ。

その旗手として注目を集めているのがカナダに拠点を置く企業ショッピファイだ。まだ日本では知名度が低いが、2021年には何度も耳にするようになるはずだ。同社が注目を集めている理由を米誌が詳細に解説する。

ショッピファイをD2Cブランドが支持する理由

2006年にオタワで創業したショッピファイは、もともとありふれたeコマースサイト構築会社にすぎなかった。出店したい人は支払いや決済処理、プログラミングなどの複

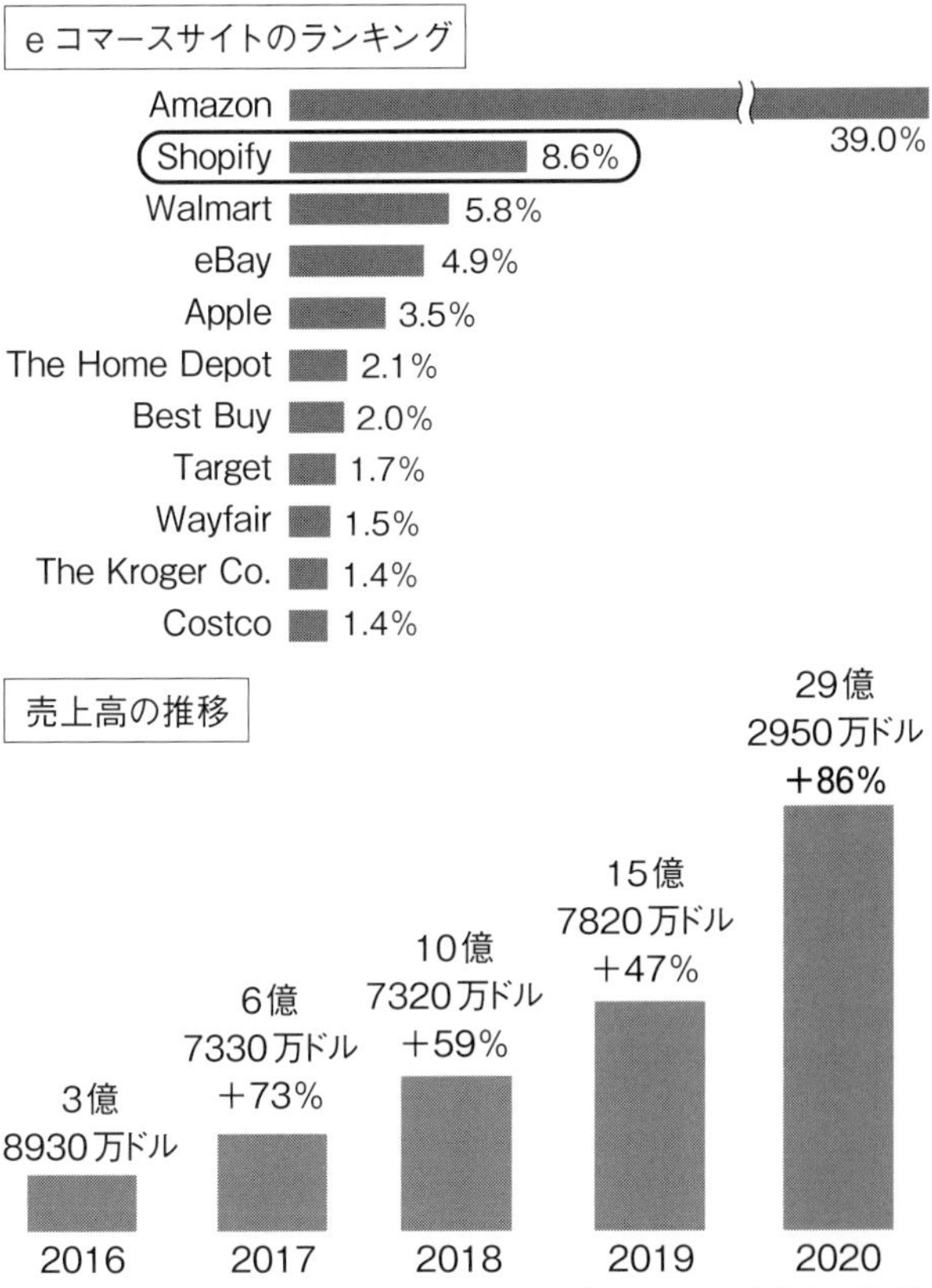

(Shopify HPをもとに作成)

ショッピファイの成長

雑な処理を気にすることなく、ただ商品の写真をショッピファイに転送し、価格を決め、銀行口座情報を提供すればすぐに商品を売ることができる。

ここ15年ほどでeコマースは物珍しい存在から日常の一部へと成長した。ショッピファイの事業もそれに伴って拡大を続け、いまや時価総額1000億ドル超の上場会社だ。ショッピファイのサービスには同社プラットフォームの加盟店向けに資金を提供する「ショッピファイ・キャピタル」や、顧客用決済システム「ショップペイ」などがあり、こちらは6000万人以上のユーザーがいる。

同社によると、アメリカ国内でよく利用されているeコマースサイトの順位で2019年、ショッピファイが「イーベイ」を抜いて2位となり、eコマース売上高全体の6％近くを占めているという（2020年には、8・6％に上昇。同社HPより）。ちなみにトップはアマゾンで、売上高のシェアは37％だ。

アマゾンの「マーケットプレイス」は、顧客が商品を買いに行くタイプのオンラインマーケットだが、ショッピファイは違う。同社のソフトウェアを見ることができるのは契約出店者だけ。一般の顧客はアマゾンのように「Shopify.com」というサイト上で買い物をするのではなく、またそこに商品が掲載されているわけでもない。

オクス・ヴェルデの場合、ショッピファイの用意したeコマースソフトウェアを使用して支払い処理と在庫管理をおこなっている。このショッピファイ方式はアマゾンをはじめ、ウェイフェアやウォルマートなどサードパーティー運営型マーケットプレイスで利益を折半したり、ブランドが弱体化したりすることを望まない「ダイレクト・トゥ・コンシューマー（D2C）」ブランドのあいだで歓迎されている。

「D2Cの精神は、顧客と直接つながる関係性を持つこと。ショッピファイはアマゾンよりはるかにショップ側の自由度が高い」と、エンジェル投資家のポール・マンフォードは述べる。彼の配信するニュースレター「リーン・ラクス」はD2Cに特化した内容で、高い人気を誇る。

ショッピファイは事業内容こそ地味だが、会社としては大躍進を遂げた。テック系ニュースレター「ストラテクリー」の著者ベン・トンプソンは最近、ショッピファイを中心とする勢力を「反アマゾン同盟」と名付けている（おそらくショッピファイ以上に知名度が高いと思われる自称反アマゾンの旗手は、グーグル・ショッピングだろう）。

特にここ数年、ショッピファイはフェイスブックのような大手スポンサー企業と次々と提携して、仮想世界でアマゾンに奪われている分野を現実世界に取り返す役回りに転じた。

オンライン販売事業者にとって、アマゾンのサイトを経由せずに2日配送や簡単な手続きのみの返送サービス、特典付きカスタマーサービスや業務全般の合理化を実現することは長年の夢だった。

ナイキのような老舗大手はともかく、小さな企業や販売主がそれを手にするのは難しい。しかしショッピファイが加盟店間で共有可能なソフトウェアインフラを構築したおかげで、既存のeコマースビジネス間の競争が促されただけでなく、新規参入もしやすくなったのだ。

ショッピファイは〝真っ白なキャンバス〟

ショッピファイの台頭は、多くの点でアマゾンへの反発だ。また、新世代のeコマース事業者が自立することで、販売権の確保をめざす動きでもある。アマゾンの成功の鍵が「顧客第一主義」にあったとすれば、ショッピファイの成功の鍵は「出店者第一主義」と言える。

2010年にメガネ小売スタートアップのワービー・パーカーがD2Cの火付け役となって以来、ショッピファイはeコマースの技術的な参入障壁を取り払い、インディーズ系人気企業を生み出すブームの牽引役として多大な影響をおよぼした。フィットネス用品販売のジムシャーク、寝具販売のブルックリネン、スニーカー販売のオールバーズなどもすべてショッピファイのユーザーだ（本紙「ニューヨーク・タイムズ」の販売ストアもショッピファイ上にある）。

ショッピファイのような会社がソフトウェアをコモディティ化（日用品化）したいま、ライバル業者と差別化を図るにはプログラミングができるかどうかではなく、何か訴えるものを持っているか、それを伝えるオーディエンスを持っているかにかかっている。

当初、「クリエイター」と「インフルエンサー」の垣根はあいまいで副業的だったが、いまや憧憬の的だ。最近の調査によれば、Z世代とミレニアル世代の86％が、スポンサー付きコンテンツを投稿して稼ぎたいと回答し、54％がソーシャルメディアのインフルエンサーになると答えている。

そのインフルエンサーも、他人の製品より自分の製品を宣伝するほうがもっと実入りがいいし、有意義でもあると気づいている。カイリー・ジェンナーのような有名人がインスタグラムやスナップチャットのオーディエンスを動員すれば、一夜にしてショッピファイの自前のeコマースショップで10億ドルは稼ぎ出せるだろう。

このようなeコマースブランドにとっての商品とは、ただ使い勝手のよさを提供しているのではない。フィーリングであり、コミュニティであり、アイデンティティなのだ。

ショッピファイは真っ白なキャンバスで、ブランドイメージを描くにはアマゾンよりはるかに適している。アマゾンで商品を購入する場合、それはどこで売られている品なのかが記憶に残らない。友人にもその商品のことは口にしないだろう。

だが、「オールバーズ」のサイトでウールのスニーカーを購入したら、それは自分自身に向けて、そして世界に向けてこう言いたくなるに違いない。

「アマゾン会員だって？　カッコ悪。そんなの自慢にもならないし」

そのオールバーズは、ショッピファイで店を開いている事業者では最大手のひとつだ。会社を大きくするにはアマゾンや、フット・ロッカーのような流通業者を通したほうが早いにもかかわらず、それを避けた。オールバーズにとって、そこまでして自社ブランドの完全性と価格決定力を損ねる理由などなかったからだ。

同社の共同創業者で共同最高経営責任者ジョーイ・ジウィリンジャーはこう話す。

「アマゾンは自分たちが売る商品価格を、顧客第一主義に照らして最適だと考えるレベルにまで落とす。『アマゾンで売ることのメリット』を押し付け、世界中からコピー商品を並べて売る。それにつられて、品質を犠牲にしてでも価格を抑える方向に足並みを揃えるしかなくなるんです」

シリコンバレーとは違う哲学のもとで

２０２０年2月、雪空のオタワにショッピファイ本社を訪ね、ＣＯＯ（最高執行責任者）だったハーレイ・フィンケルスタイン（現在は社長）と面会した。急騰中の株価に負けないくらいエネルギッシュな彼は、会社の大いなる野望と健全な精神を体現したようなカナダ人だった。

経営トップの性格が、企業文化とその野心に影響を与えるのはよく聞く話だ。たとえばテスラとスペースXを興したイーロン・マスクは既成概念の完膚なきまでの破壊者、グーグル創業者のセルゲイ・ブリンとラリー・ペイジは元研究者で学究肌、といった具合だ。ショッピファイCEOのトビー・リュトケの場合、人気の高いオープンソース・プログラミングフレームワーク「Ruby on Rails」初期開発者のひとりであり、またビデオゲーム「スタークラフト」の熱狂的マニアとしても知られる。

最近、彼はプロゲーマー育成のインターンを一般募集して「SeleCT」というハンドルネームのゲーマーを雇い、そのゲーマーの腕前について「職務経歴として立派に通用する」と太鼓判を押した。

40歳（２０２０年11月当時）のリュトケと37歳のフィンケルスタインは、ともにツイッターで活発に発信を続けている。リュトケのほうはマスクとは対照的に、週40時間以上働いたことはほとんどないとツイートしたことがある。

シリコンバレーが無制限の成長を追求していた時期に、ショッピファイは起業後5年近くを経て、ベンチャーキャピタルから多額の出資金を得た。複数の投資家からはシリコンバレーへの移転を要求された。だが、オタワにとどまった。

フィンケルスタインと話していると、シリコンバレーの正統派と袂《たもと》を分かっているにもかかわらず、事業の成功を心から喜んでいるのが伝わってくる。そして、彼とショッピファイは〝善玉〟であろうとする気持ちの強さも。

リュトケは以前、「アマゾンは帝国を築き上げようとしているが、ショッピファイは反乱軍に武器を供給している」と語っていた。おもしろい。自分たちは帝国ではなく、反乱軍。「遠い昔、はるかかなたの銀河系で……」で始まる、あのSF映画そのままじゃないか。

利用者とともに成長する仕組みを

リュトケにショッピファイのアイディアが降ってきたのは、スノーボード販売店のオンラインショップ向けソフトウェアを作ったあとだったという。

フィンケルスタインにも商売の経験があった。オタワ大学法学部に在籍していた2000年代後半、授業料の足しにするためにカスタムデザインのTシャツを販売していたが、そのとき使っていたのがまさにショッピファイだった。「拡張可能ですてきなオンラインストアが簡単に作れました」と彼は語る。

それから10年余り。同社は大きな進歩を遂げた。２０２０年第３四半期の取引総額は、前年比の２倍以上の３０９億ドル。現在、約１００万人の販売事業主がショッピファイのプラットフォームを利用している。

ほとんどが中小業者で、月額29ドルの基本利用料に加え、取引ごとにクレジットカード決済処理料を払う。そのうち７０００以上の事業主は、「ショッピファイ・プラス」まで契約している。これははるかに多くのカスタマイズが可能なプレミアム版で、月額数千ドルのコストが上乗せになる。これだけの費用がかかるにもかかわらず、「プラス」の収益は月次経常収入の25％を占めているという。

ショッピファイはソフトウェア提供にとどまらず、ｅコマースの「バックエンド」、つまり物流や商品発送を含むフルフィルメント分野支援も拡充させている。２０１９年、同社はフルフィルメント by Amazon（ＦＢＡ）に対抗して、「ショッピファイ・フルフィルメント・ネットワーク」を発足させた。

これは自社倉庫を建設したり、既存施設を引き継いだりする代わりに、物流業者7社のネットワークを活用して、ショッピファイのプラットフォームと統合したものだ。

おかげで出店者は、オンライン―オフライン間ではるかにシームレスな処理ができるようになった。そして物流業者側にとっては、新たなビジネスチャンスでもある。ショッピファイ・フルフィルメント・ネットワーク社長トーマス・エプティングはある物流業者から聞いた話として、このように述べている。

「倉庫を出入りする10の契約販売店のうちの7社がショッピファイのクライアント様。事業規模からして個別契約はできかねるが、ここまでシンプルな配送方式で済むのなら、まる一日ずっと彼らの仕事を請け負ってもいい」

ショッピファイはあくまでパートナー的役目に徹しており、この点でもプラットフォーム完全制御型のアマゾンとは対照的だ。2020年5月にはフェイスブックと提携して、フェイスブックおよびインスタグラム上にオンラインショップを作成できる新機能「フェイスブック・ショップ」を発表した。

この発表のために、マーク・ザッカーバーグはリュトケとともにカメラの前に収まって、どちらかといえばハゲタカ的で重大な脅威と見られていた企業イメージの払拭を印象づけていた。

ショッピファイはフェイスブックと異なり、自社プラットフォーム上に真の開発者向けエコシステムと呼べるものの実装に成功している。これはグーグルのアンドロイドOSのようなものだ。

同社は、ソフトウェア開発コミュニティで「80％法則」と呼ばれるルールを実現している。ショッピファイは出店者側に必要な機能の80％を提供し、残りはサードパーティー開発者が提供するという取り決めだ。

たとえば商品レビューや、インフルエンサーに商品を配付する特典コード生成に特化したアプリはサードパーティーに任せる。ただし、フィンケルスタインは、ショッピファイは２０１８年度に10億ドルの売上を上げたが、アプリ開発者はコミュニティ全体で70億ドル近くの収益を上げている点を強調した。

「ウィニペグに４００人を雇用するスタートアップがありますが、彼らの仕事のほとんどはショッピファイアプリの開発なのです」

ショッピファイの〝アマゾン化〟はありえないのか？

オールバーズのジョーイ・ジウィリンジャーによれば、Ｄ２Ｃは２つに分類されるという。ひとつは強力なオーガニック（自然検索。検索連動型の広告を除いたアクセス数）マーケティングを備え、他のどこにもない革新的な製品（もちろんオールバーズもそうだ）を売り込むビジネス。そしてもうひとつが、Ｄ２Ｃ業界で多数を占めるホワイトラベル製品ビジネスだ。

たとえば、けばけばしいパッケージで彩られたカミソリや歯ブラシ、スマートフォン充電器、食料品などがこれに当たる。前者はショッピファイで商品を独占的に販売できるが、後者は単なるコモディティであり、この手の商品を買う客のいるところとなると、結局、アマゾンくらいしか売り込み先はない。

ブルックリネンの例を取り上げよう。ニューヨークの地下鉄を広告で埋め尽くすだけの潤沢な資金力を持つこのD2C寝具販売会社は、これまでショッピファイ上にオンラインショップを構えていたが、2年前から、アマゾンのマーケットプレイス上でも販売を開始した。

「アマゾンのサイト上で当社を検索した人が何千人もいたという報告を受けたもので」と、同社グロース・マーケティング担当上級副社長のジャスティン・ラピダスは言う。「そんな顧客の90％以上が、他社の製品を購入していたのです」。

ブルックリネンにしてみれば、思ってもみなかったところにいた顧客層を掘り起こすのは、多少の出費を差し引いてでもやってみる価値があることだった。「しかもアマゾンの顧客層のうち、プライムでしか買い物をしないという人が結構いたのです」。

ショッピファイが現在の地位を確立したのは、アマゾン型マーケットプレイスとは完全に異なるD2Cモデルを提案したからだ。しかし、ショッピファイがこのまま拡大路線を続ければ同社に影響力や資金が集中し、アマゾンのような先行大手とあまり変わらない存在となり、結果的にクライアント業者が潰されるのではないだろうか。

ショッピファイ側がこの優越的地位を利用して、ブランドへの方向性を決めることもありえる。いずれショッピファイがマーケットプレイス化する時代が来るかもしれない。

何をすることが出店者の応援につながるのか

2月にフィンケルスタインを取材したとき、その懸念を伝えた。彼の返事は「いまのところは考えていません」というものだった。しかし、そのわずか数ヵ月後の5月、ショッピファイは「ショップ」と呼ばれる新しい消費者向けアプリの提供を始めた。

すでにあった配送状況追跡アプリ「アライブ」をベースに構築された新アプリは、マーケットプレイスとは言わないまでも、少なくともアグリゲーター（事業者）ではある。利用したショップの履歴はインスタグラムの「ストーリー」風にピン留めされ、その下に新商品やおすすめ商品が表示される。

別のタブを開くと、ローカルビジネスが紹介される。こちらは最近追加されたばかりの、パンデミック時代ならではの新機能だ。商品購入時はアプリを離れる必要があるため、「ショップ」はアマゾンというより、「グーグル・ショッピング」的で、便利なシングルカート機能もない。

ここから垣間見えるのは、ショッピファイ特有の「マーケットプレイス」型への敵対姿勢と、出店者のビジネス成功をできるかぎり応援するという同社の理想との思想闘争だ。なぜなら、出店者のもとへ顧客を誘導する道が「統合化」なのであれば、それでよいのでは、という可能性があるからだ。

eコマース専門家ウェブ・スミスは業界ブログ「2PM」の2020年2月の投稿で、前年のスーパーボウルでショッピファイの広告がなかったことを嘆いた。スポーツイベントこそ、ショッピファイの選り抜きブランドにスポットライトを当てる絶好の機会だったはずなのにそれをしなかった、というのだ。

「570万ドルの30秒枠の広告を打ち、何千万ものアメリカ人がmarketplace.shopify.comにアクセスするさまを思い浮かべてみればいい」と、想像上のサイトを引き合いに出して彼は書いている。

「彼らのような潜在的顧客や開発者、一般消費者がサイトを訪れれば、そこに最高のブランド揃いのショッピファイのキュレーションを見るだろう――そこには新旧ブランド、老舗から新規参入組まですべてである」

ショッピファイの出店者と話をしているうちに、彼らがマーケットプレイスというビジネスをハナから嫌っているというよりも、マーケットプレイスにありがちな症例に陥ることを嫌っていることがわかってきた。

どんなブランドにしても、マーケットプレイスという封建領主に仕える奴隷にさえならなければ、そこに集まる膨大なトラフィックにアピールしたいと思うものだ。

ジウィリンジャーが惹かれるのは、アリババの「天猫」に近いエコシステムだ。ブランドや価格帯を維持しつつ、訪れた顧客にアピールできる、そんなマーケットだ。「それが実現できれば、間違いなく〝アマゾン中毒〟の解毒剤になるはずです」と彼は述べている。

ショッピファイが進めるさまざまな取り組み

現実にはショッピファイはとうの昔に、黒子型のｅコマースサイトの構築会社であることをやめている。

たとえば「ショッピファイ・キャピタル」。これは営利追求型資金調達プログラムで、銀行以上に契約事業主のデータを握っているショッピファイの強みを生かして、出店者側に融資や一時立替金を提供するサービスだ。

ショッピファイ側はキングメーカーにはならないと口では誓うだろうが、事業主向け融資や一時立替金というかたちですでにそれをおこなっているも同然、と前出のスミスは指摘する。もしそうなら、ショッピファイがその動きを加速させても不思議ではない。

実際、ショッピファイの現行サービスにはアップルペイ、グーグルペイ、アマゾンペイと競合する「ショップペイ」、アマゾンのＦＢＡと競合する「ショッピファイ・フルフィルメント・ネットワーク」、決済サービス「スクエア」と競合する独自のＰＯＳシステム機器まで多岐にわたる。

こうした取り組みの多くは最近追加された機能で、失敗に終わるものも出てくるだろう。それでも一部が成功すれば、いまやコモディティ化しつつあるショッピファイの中核をなすショップビルダーが提供できない方法で、自社プラットフォームへのクライアントの固定化をさらに強めてくるだろう。

それでもショッピファイはアマゾンのようにはならないという安心感が出店者側にいくらかでもあるのなら、それは移行期ともいえるいま、ショッピファイは自分たちと同じかそれ以上に、自分たちを必要としているという感覚だろう。

ｅコマース分野に幅広く投資してきたベンチャーキャピタリストのニキル・バス・トリヴェディ（アマゾン、ショッピファイ双方の株主でもある）はこう述べている。

「利便性、品質、価格というビジネスの古典的な3本柱について考えてみてください。利便性と価格では、とうていアマゾンの敵ではありません。だからアマゾンに勝つには、差別化された高品質のプロダクトをいかに提供するかにかかってくるでしょう」

ショッピファイが社会に与えた最大のインパクトは

その点、ショッピファイはみずから手がけたカルチャーの転換に助けられている。将来的には、「誰もが気づかないうちに、起業家的なことを手がけるようになっているでしょう」とフィンケルスタインは言った。

「いずれ、ツイッターの豊富なフォロワー数を活用してこれを収益化しようと考える人はもっと出てきますよ。将来の安定した仕事など、もはや両親世代の古い考え方。とにかくやってみればいいんです。起業における失敗のコストなんてゼロに近づいているのだから」

リヴィアン
次のテスラを狙う電気自動車メーカー

「CEOスカリンジは、MITで博士号を取得した研究者肌」

Photo : Patrick T. Fallon/Bloomberg via Getty Images

« The Next Tesla? Investors Bet Big on Electric Truck Maker Rivian » The New York Times 21/1/19, Text by Neal E. Boudette
「今年の生産分はすでに『完売』——電気自動車メーカー『リヴィアン』に投資家が注目する理由」COURRIER JAPON 21/2/13

Rivian　アメリカ・カリフォルニアに本拠を置く、２００９年設立の電気自動車メーカー。Ｒ・Ｊ・スカリンジがＣＥＯを務める。ＳＵＶなどを中心に開発を進め、株式公開前からフォード、アマゾンが投資をすることで話題を集める。

電気自動車（ＥＶ）の開発を手がける「リヴィアン」は、２００９年創業のスタートアップだ。アマゾンは同社の技術を評価し、排出ガス削減に向けた戦略の中心として、同社に配送用トラックの開発を依頼している。まだ日本では聞き慣れないこの企業が、将来、自動車業界を牽引する存在になるかもしれない理由とは――。

次のテスラ

テスラ社の成長は、まるでロケット打ち上げのごとく天を衝く勢いであり、これに匹敵する会社を思いつくのは難しい。しかし、「次のテスラ」になることを望みうる新興の電気自動車メーカーがあるとしたら、それはリヴィアンであろう。

２００９年に設立されたリヴィアンは、電動のピックアップトラック（後部に天井のない荷台のある車）とＳＵＶの生産に向けて準備をしている。どちらのモデルも２０２１年夏までには市場に出る予定で、イリノイ州にある旧三菱自動車の工場で製造される。リヴィアンはまた、アマゾンのための電動の配送用トラックも開発している。

しかし、リヴィアンが他と大きく異なるのは、その並々ならぬ投資家のリストだ。アマゾンはリヴィアンの顧客であるだけでなく、同社に多額の出資をしている。他にも、世界最大の資産運用会社ブラックロックをはじめ、フィデリティ、ティー・ロウ・プライス、フォード・モーターなどが同社に資金援助をしており、フォードはリヴィアンの技術を採用した自動車の導入を計画している。

２０２１年1月19日、リヴィアンは直近の資本注入について、ティー・ロウ・プライスをアドバイザリーに持つファンド等が主導するグループから、26億５０００万ドルを集めたと明らかにした。今回の投資によって、リヴィアンの価値は２７０億ドル以上と評価され、２０１９年初頭以降の総投資額は80億ドルにのぼった。

「私たちは２０２１年の到来を強く待ち望んできました。その年を迎えた今、リヴィアンが革命的な製品を消費者に届けはじめようとしていることに興奮しています」。ティー・ロウ・プライスのポートフォリオ・マネージャーであるジョゼフ・ファアスは、声明のなかでこう述べた。

自動車業界に起こる大激変

ただ、多額の資金援助があったとしても、成功が保証されるわけではない。新しい車をゼロから生産することは、既存の自動車メーカーにとっても大変な作業であり、それがスタートアップとなれば尚更だ。

「このようなものを製造するプロセスは、決して単純ではありません」。リヴィアンの設立者・最高経営責任者のR・J・スカリンジはこう話す。

「複雑なオーケストラのようなものです。数百のサプライヤーから、何千もの部品が集まってくる。人々が考えるよりも、そして私が考えていたのよりも、はるかに複雑なんです」

テスラと同様、リヴィアンは「交通手段の電化」の機会をビジネスに利用しようと考えている。世界中で電気自動車の導入が進んでいることについては、自動車会社の重役のあいだでもほとんど疑いはない。

テスラの自動車製造台数は、過去5年間で、年間5万台からその10倍にまで成長した。GM、フォード、フォルクスワーゲンなどの自動車メーカーは、電気自動車と電気トラックの開発のために、何十億ドルも投資している。

「私が生きている間に、電気自動車が市場のごく一部を占めている状況から、電気自動車が市場の100%を占める世界へと移行するでしょう」とスカリンジは述べる。「既存メーカーでこの変化を起こせるところもあるでしょう。ですが、これは新しい会社が参入する機会を生み出しもします」

「私たちの成功は、他社の成功とは矛盾しない」

自動車業界を作り替えるもうひとつの大きなトレンドは、人間が運転せずとも走行できる自動運転車だ。GM傘下でこの分野に取り組むクルーズ社は、マイクロソフト、GM、ホンダなどから20億ドルを調達したと発表。リヴィアンとテスラも、自動運転技術の開発に取り組んでいる。

リヴィアンはいくつかの点でテスラとは異なる。テスラはこれまで、スポーツセダンの販売で成長してきたが、現在、このタイプの車は人気がなくなりつつある。

テスラは2021年、奇妙に角張った近未来的デザインのピックアップトラック、「サイバートラック」の生産を始めようとしている。だがテスラは、アメリカで乗用車の市場シェアの75%を占めるSUVやトラックの生産には、まだ重点を置いていない。

テスラ社のサイバートラック

一方リヴィアンは、オフロードでの走行ができるアドベンチャー車の生産に集中している。このアプローチの違いは、リヴィアンがテスラと真っ向勝負をすることはほぼないであろうことを意味する。

「勝者がすべてを手にするという考えがありますが、それは間違いです」とスカリンジは言う。「消費者は異なるブランド、異なる趣味を必要としています。私たちの成功は、他者の成功とは一切矛盾しません」。

リヴィアンのアドベンチャー車

レベッカ・パック・ステアは、リヴィアンが獲得しようとしている消費者の一人だ。アルバカーキで映画のロケーション・ハンティングをしている彼女は、ここ数年、電気自動車を買いたいと思っているが、仕事で砂漠に行かなければならないため、最低地上高が高い四輪駆動を必要としている。

「そういう車は市場に存在しませんでした」と彼女は言う。「テスラの車は、私のニーズには合いません」。

約1年前、彼女はリヴィアンについて初めて聞き、翌日にはSUVの購入を決めた。ステアはテスラのサイバートラックを見たことがあるが、そのデザインは「いかにも『嫌なやつの車』って感じですね」と彼女は笑いながら言った。

めざすのは「慎重かつ確実な成長」

急速に成長しようとしているテスラとは異なり、リヴィアンは慎重に段階を踏んでいる。2020年、パンデミックが起こる前には、同社は2021年に約2万台、2022年には約4万台のピックアップトラックとSUVを生産する計画であると述べていたが、最新の見通しはまだ発表されていない。

リヴィアンは2025年までに、イリノイ州ノーマルの工場で年間25万台の生産能力を確保することをめざしている。

同社は実際の受注数を明らかにしていないが、広報担当者によると、今年製造する予定のすべての自動車について、顧客を確保していると述べた。

他の新興自動車メーカーが潤沢な資金を持ち、上場したペーパーカンパニーと合併して株式公開をするなかで、リヴィアンは積極的にそうしようとはしていない。

「私たちは株式公開に乗り出す前に製品を発売して、自分たちの能力と製品のパフォーマンスを示したいのです」と38歳のスカリンジは話す。

イーロン・マスクとは真逆のリーダー

リヴィアンとテスラのアプローチの違いは、おそらくこの2社を率いる男たちと大きく関係している。

テスラの最高経営責任者イーロン・マスクは、過去何十年間と自動車業界には目にしなかった、おそらくヘンリー・フォード以来の破壊的な影響力をもつ人物だ。彼はたくさんのファンをひきつけながら、株式市場の高みに会社を押し進めた。

しかしマスクは物議を醸してもいる。

彼は新型コロナウイルスの拡大を抑えようとする政府の努力を、「ファシスト」と呼ぶ。彼のツイッターの投稿によって、マスク本人とテスラは米国証券取引委員会（SEC）などから訴訟を起こされた。

また、マスクはかつて「2020年には、テスラは100万台の自動運転車を走らせているだろう」と主張していたが、同社はいまだに完全な自動運転車を披露していない。

これとは対照的に、スカリンジはマサチューセッツ工科大学（MIT）で博士号を取得した研究者肌のエンジニアだ。MIT時代、彼は徒歩と自転車で移動し、冷たいシャワーを浴び、洗濯ものを手洗いすることで、自身の二酸化炭素排出量を削減しようと試みたことがある。

彼のツイッターのフィードも穏やかだ。たとえば、最近の投稿では、自身の子供たちの好きな車の色について語っている。

「フォードやGMに匹敵する企業になる可能性がある」

リヴィアンは2021年後半に、アマゾンの配送トラックの大規模な生産を開始することを望んでいる。

アマゾンはすでに、その試作品を実際に路上でテストしている。小売業界の巨大企業アマゾンは、排出ガスを減らす戦略の中心にこのトラックをすえており、2022年末までの納入予定で1万台を注文した。

テスラは数年前、マスクがモデル3のセダンの生産を増やそうと急いだ結果、彼が言うところの「製造地獄」に終わった。この失敗をリヴィアンが回避できるのかどうかにはとても興味があると、リサーチ会社・ガートナーのアナリスト、マイケル・ラムゼイは話す。

「リヴィアンが将来、フォードやGMに匹敵する巨大企業になれるかどうかはわかりません」とラムゼイは言う。

「しかし、リヴィアンはこれほど多くの大規模投資を受けています。彼らはフォードの戦略的パートナーであり、アマゾンと契約をしています。ＥＶスタートアップのなかでは、彼らがそうなる可能性が最も高いように思われます」

ビオンテック
新型コロナワクチンはなぜ開発できたのか

「がんを治療する免疫療法を開発したかった」

ウグル・サヒン（右）とオズレム・トゥレシ（左）
Photo : Andreas Gora-Pool/Getty Images

« Deutschland wird genug Impfstoff bekommen » Der Spiegel 21/1/1, Text by Steffen Klusmann & Thomas Schulz
「コロナワクチンを開発したビオンテック創業者夫妻『ワクチンが使われているのを見て感動した』」COURRIER JAPON 21/6/19

BioNTech　ドイツ・マインツに本拠を置くバイオテクノロジー企業。２００８年、トルコ系ドイツ人の科学者ウグル・サヒンと妻オズレム・トゥレシらによって設立。がん免疫療法やインフルエンザの感染症ワクチンなどを開発。２０２０年には COVID-19 のワクチンをファイザー社らとともに開発。大きな注目を集めている。

現在、世界中で新型コロナワクチン接種が進んでいるが、初めに有効性が確認されたワクチンを米ファイザー社と共同で開発したのは、ドイツのスタートアップ企業ビオンテック社だ。同社を創業、経営するのは、免疫療法を専門とする腫瘍学者の夫妻だ。二人に対し、ワクチンや今後の同社の動向、バイオテクノロジー業界の課題に加え、個人的な思いなどを独誌が聞いた。

一夜にしてスターの座にのぼりつめるのは芸能人だと相場が決まっている。ときどき政治家でもそういう人が出てくるが、研究者では聞いたためしがない。

だが、２０２０年11月9日、オズレム・トゥレシとウグル・サヒンという二人のドイツ人研究者が突然、世界が注目する舞台の上に放り出されることになった。この日、発表されたのは、二人が立ち上げた医療研究会社「ビオンテック」が、新型コロナのパンデミックとの闘いにおいて世界的大快挙を成し遂げたことだった。同社がドイツの都市マインツで開発した新型コロナのワクチン「BNT162b2」が臨床試験で90％を超える有効性を示したというのである。このワクチンを接種した被験者のほぼ全員が新型コロナの発症を予防できたということになる。

この一報に世間は沸き返った。それは一筋の希望となった。２０２１年には同社のワクチンが世界全体で13億回接種されるという。パンデミックの終わりが現実的な希望として見えてきた瞬間だった。

その日以来、世界中がサヒンとトゥレシに注目してきた。世界各国のメディアがこのトルコ系のドイツ人夫妻を好意的に取り上げてきた。二人は結婚18年目。妻のトゥレシ（53）はビオンテックの医療開発責任者で、夫のサヒン（55）がＣＥＯだ。当初、メディアの取材にはサヒンが基本的に応対していたが、今回は初めて二人揃っての長いインタビューとなった。ウェブ会議システム「Zoom」を使い、マインツの自宅にいる二人から話を聞いた。くつろいだ様子の二人を見ていると、この二人が多忙を極めていることをついつい忘れてしまいそうになった。

独ビオンテック / 米ファイザー	mRNA ワクチン
米国モデルナ / 米国 NIAID	mRNA ワクチン
英オックスフォード大 / 英アストラゼネカ	ウイルスベクターワクチン
米国ジョンソン・エンド・ジョンソン	ウイルスベクターワクチン
中国シノバック	不活化ウイルスワクチン
中国シノファーム	不活化ウイルスワクチン

各国が開発する主な新型コロナウイルスワクチン

ビオンテックを創業したこの夫妻は、がんの専門家など医療関係者の間では前々から有名だった。二人とも免疫療法を専門とする腫瘍学者である。サヒンは２０１９年にドイツがん賞を受賞。トゥレシはドイツ連邦教育研究省の研究クラスターのトップを務めてきた。

ビオンテックは、この夫妻が創設した会社としては2社目である。だが、この二人は研究者を自任しており、起業は目的達成の手段に過ぎないと言う。起業の目的は、「科学が病院のベッドまでなかなか届いていないから」とはトゥレシの言葉である。医療の研究をしていても、具体的な治療法に結実しなかったり、結実するのに時間がかかったりすることが現状では多いという。

夫妻の会社が記録的スピードで新型コロナのワクチンを開発できたことは強いメッセージになったはずである。私たち全員が力を合わせれば、物事をもっと迅速に進めていけるに違いないのである。

ワクチンという希望

――いまこうしてお話をうかがっている間にも、お二人が開発されたワクチンが数百万回分、飛行機やトラックで世界各地の病院やワクチン接種センターに届けられています。米国のジョー・バイデン次期大統領（2020年12月現在）がテレビで生中継されながら接種したワクチンもビオンテックのものでした。お二人の研究が世界の数十億人にとって最大の希望になっています。そういったことについて1分ほど思いを巡らしたことはありますか。

トゥレシ　1分程度でいいなら、そういう時間はとれています。2020年は怒濤の1年でしたが、それでもときどきはいろいろなことを考え、世の中で何が起きているのかを吸収できていましたからね。たとえば同僚数名が1回目のワクチン接種を終えて写真を送ってくれたときです。自分たちの仕事が人に役立っているところを見て、ほんとうに感動してしまいました。

――臨床試験ではビオンテックのワクチンの有効性が95％だと示されました。70％を超えれば上々だと考える専門家も多かったようですが、お二人は最初からこのワクチンの有効性に自信を持っていたのですか。

サヒン　免疫応答が完璧に近いものになることには自信がありました。最初は20種あったワクチンの候補を、試験をくりかえしながら最良のものだけに絞り込んでいったのです。20年以上前から、免疫工学で体内の免疫応答を引き起こしてきた経験が役に立ちました。ただ、このウイルスにワクチンが効くのかどうか。そこはまったく確信がなかったです。

——新型コロナにはワクチンが効かないという状況もありえたのですか。

サヒン　その通りです。新型コロナウイルスと同種のウイルスでも、ワクチンが開発できなかったものもあるのです。ただ、この新型コロナウイルスに関しては免疫応答を引き起こせました。それは単に95％という有効性だけでなく、抗体やT細胞の反応の強さや広がりでも示されています。免疫応答が多面的なのです。これは今後、ウイルスが変異していくうえで、非常に重要になってきます。

次のように考えると、わかりやすいかもしれません。引き起こされた免疫応答では、ウイルス抗原を複数の箇所で認識しています。ウイルスが変異すれば、そのうちのいくつかの箇所では認識が難しくなるかもしれませんが、ウイルスが根本から変わるわけではないので、免疫系が見逃してしまうようなことにはならないのです。

——つまり、感染力が強い英国株に対しても不安はないということですか。

サヒン　ワクチンの有効性に関しての不安はないです。たとえ複数の変異があっても、ウイルス抗原の実際の構造は1％も変わりません。私たちのワクチンがこうした変異株も無力化できるのかどうか。そこはいま試験をしていて、近いうちにそのあたりのこともももっとわかってくるはずです。

一方、私にとって気がかりなのは、この変異株が、免疫系の状態が抑制されていた患者から出てきたことです。ウイルスには、自分を最適化するための完全な自由と数ヵ月の時間があったのです。これはこのウイルスが自分を改良できる環境がつねにどこかに転がっていることを意味している可能性があります。これは中期的に取り組んでいかなければならない課題です。

——ウイルスが大きく変異したとき、ビオンテックのワクチンもそれに合わせて迅速に変えられるのですか。

トゥレシ　単純に技術的な話であるなら、変異に合わせてワクチンを変えていくことはできます。いまのウイルス抗原に関する遺伝情報を、新しい変異株の遺伝情報に差し替えればいいのです。さほど時間はかかりません。おそらく6週間もあればできるはずです。問題となるのは、薬事規制当局がそれをどう判断するのか、というところです。私たちのワクチンの有効性と安全性が原理的に示されたと考え、新しい変異株にも応用していいと容認するのかどうかという問題です。

——規制当局がそれを許さなかったらどうなりますか。

トゥレシ　数万人の被験者を相手に臨床試験を一からやる必要が出てきます。ただ、規制当局にも、ワクチンのこの種の調整に関しては豊富な経験があります。たとえば季節性インフルエンザのワクチンなどは毎年、新しい変異株を無力化するためのものが生産されていますよね。

サヒン　この件に関しては、すでに規制当局との話し合いを始めています。

免疫はどれくらい持つのか

――ビオンテックのワクチンを接種すると新型コロナウイルス感染症の発症を防げることが4万4000人の被験者を対象にした研究で示されました。このワクチンがウイルスに感染することも防げるのかどうかは、いつわかりますか。仮にこのワクチンでウイルス感染も防げるのであれば、世界はパンデミックを想定よりも速く抜け出せそうです。

トゥレシ　2021年1月末には関連するデータが手に入ります。間接的なデータですけれども。無症状感染を防ぐ効果はありそうだということは見えてきています。

――無症状だったらほかの人にウイルスを感染させないということですよね。

トゥレシ　それは抗体検査を使って間接的に見極められるのですが、現時点で手元に入ってきたデータを見るかぎり、かなり有望です。このワクチンはこの点でも有効である可能性が示されています。

——新型コロナの発症を防ぐのと同じ程度に、無症状感染も防げるのですか。

サヒン　その数字が50％なのか、それとも60％なのか、あるいは70％なのか。そこはもう少し見ないといけません。ただ、発症を防げるだけでも、パンデミックの状況に影響を与えられます。発症した人のほうが、ほかの人にウイルスを感染させてしまう期間が長いわけですからね。

——免疫がどれくらい持つのか。それは新型コロナに感染した場合でも、ワクチンを接種した場合でも、まだわかっていません。最悪のシナリオを想定すると、毎年3度、ワクチンを接種するようなことになるのですか。

トゥレシ　ワクチンによる免疫は、自然感染による免疫と同じくらい持続すると考えています。2回目のワクチン接種が済めば、体内の免疫応答が強まることもわかっています。これは3回目の接種をすれば、さらに効果が大きくなる可能性があることを意味していています。たとえば1年後に3回目の接種をしたほうがいいということになる可能性はあります。これは科学的に厳密に判断できる部分です。何をすべきなのかはデータが教えてくれるはずです。

——現段階ではビオンテックのワクチンはマイナス70度で貯蔵・輸送しなければなりませ

ん。これがワクチン接種を進めるにあたって問題になることが当初から指摘されていました。近い将来、血清を調整したりすることで、ワクチンを一般医療冷凍庫の温度で貯蔵できるようになる可能性はありますか。

トゥレシ　これから3ヵ月間は変更がありませんが、その後、輸送や貯蔵の条件を改善できると考えています。もっと高い温度でも安定性を保てる改良版のワクチンは2021年の夏の終わりには用意できるかもしれません。

なぜヨーロッパはアメリカよりも出遅れたのか

――米国には欧州よりも多くのワクチンが供給されているように思えます。米国のジョー・バイデン次期大統領は、2021年4月までに最大で1億人のワクチン接種が済むと言っていますからね。

サヒン　米国は私たちのワクチンだけでなく、モデルナなどのほかの会社のワクチンも買っているのです。

――米国は2020年7月の時点でビオンテックのワクチンを6億回分予約しました。一方EUは発注を始めたのが2020年11月であり、注文したのも、たったの3億回分でした。ビオンテック側はEUにもっと供給できると言ったようですが、EUはなぜそれを断ったのでしょうか。

サヒン 残念ながら契約の細部についてのお話はできません。ただ、ＥＵがほかの国と比べると、動きが遅く、遠回りするようなところがあったのは否めません。これはＥＵが直接、権限を持っているわけではなく、加盟国にも発言権があったことと関係していました。交渉の場で強いメッセージを出さなければならないときに、必要以上に時間がかかってしまうことがありました。

——ＥＵは、開発に遅れているほかの会社のワクチンも大量に買っています。フランスのサノフィ社のワクチンの準備が整うのは、どんなに早くても２０２１年末だとされています。

サヒン ワクチンを作れる会社は、ほかにもたくさん出てくると予想していたようです。「量が足りなくなる事態は、そこまで深刻にならないだろう。万事順調だ」と考えているような節がありました。その態度には驚かされました。

トゥレシ ワクチン開発に名乗りを上げた会社の数は多かったですからね。それでＥＵを含めて多くの国々が、いろいろな会社のワクチンを買い揃えた「バスケット」を作ろうとしたのです。この手法自体は、たしかに理に適っていました。ただ、ある段階で、開発が間に合わない会社がどんどん出てくることも明らかになったのです。そうなってからでは、ワクチンを大量発注しようとしても、もう遅かったのです。

——米国のモデルナ社のワクチンも、ビオンテックと同じでmRNAの技術を使っており有効性は95%です。現時点では、それ以外のワクチンで充分なデータがあるのは、製薬会社「アストラゼネカ」のものだけです。アストラゼネカのワクチンは、ベクターを使っており、有効性は約70%です。それ以外のワクチン技術は、新型コロナに打ち勝つのに役立たないということなのですか。

サヒン　そのような結論を出すのは時期尚早です。エボラウイルスにはうまくいった手法でも、新型コロナウイルスを非活性化するのは、もっと難しかったりするのです。

——いずれにしてもワクチンの量は期待していたほど多くありません。

サヒン　バラ色の状況ではありません。承認済みのワクチンが充分に増えていないので足りない分を私たちのワクチンで埋めなければなりません。現在、ファイザーと力を合わせて増産に取り組んでいます。

——生産能力が上がれば、2021年の夏には、開発が間に合わなかったワクチンの分を補えるくらいにはなるのですか。

サヒン　いま私たちのワクチンを作れる新しい企業パートナーを探しています。ただ、このワクチンを申し分のない質で生産できる専門の工場が未稼働の状態で世界各地に転がっているわけではありません。2021年1月末には、どれくらい増産できるのか、はっきりと見えてくるはずです。

——ビオンテックのパートナーになっているファイザーは世界最大の製薬会社です。そんな会社がスイッチを押せば、必要な分だけワクチンを生産できるのだと思っている人もいる気がします。

トゥレシ　実際、その通りになっています。承認されたばかりのワクチンを10億回分以上生産し、それを約50ヵ国に届けようとしているのです。ビオンテックにも独自の生産施設はありますが、これはファイザーの巨大な設備があったからできた大事業でした。

mRNAワクチンは簡単ではない

——一部の政治家は、ビオンテックがワクチンのライセンスを他の会社に供与して、生産のスピードを上げていくべきだと主張しています。そうすれば工場がアスピリンを生産するのを止めて、ワクチンを生産できると考えているようです。

サヒン　医療に使える品質のmRNAワクチンを生産するのは簡単ではありません。ギアチェンジをすれば、アスピリンや咳止めを生産していた工場が突然、mRNAワクチンを生産できるようになるわけではないのです。何年もの経験が必要ですし、組織力や技術力も求められます。私たちは10年かけてその能力を高めてきました。臨床試験と併行して生産能力を拡大してきたからこそ、10億回分を超えるワクチンを生産できたのです。

トゥレシ　どうすれば生産能力を拡大し、堅牢なサプライチェーンを築けるのか。その問題の解決策は、最初から模索してきました。すでに欧州内の生産企業5社とはパートナーシップを結び、生産を支えてもらっています。薬事規制に従ってワクチンの材料を作れる専門企業数社とも協議を進めています。複数の契約が現在、交渉中です。

――ビオンテックはドイツの会社です。ドイツ政府から3億7500万ユーロの資金も得ています。それでドイツ向けのワクチンが特別に用意できるはずだと期待するドイツ人も多いようです。

サヒン　ドイツは充分な量のワクチンを受け取れます。私たちは最初から自分たちをグローバル企業だと考え、私たちのワクチンを世界のどこででも入手できるようにすると言ってきました。私たちのワクチンは世界50ヵ国で承認されています。私たちはそうした国々にワクチンを届けたいですし、届けなければならないと考えているのです。ある開発途上国向けに50万瓶取り分けたら、その50万瓶が確実にその国に届くようにしなければなりません。できるだけ多くの国で、高齢者と医療従事者のワクチン接種を進めることが重要です。ドイツに関して言えば、高齢者など、重症化しやすいグループは数ヵ月以内にワクチン接種が終わると考えています。

――原材料が不足したり、ワクチンの瓶に不良品が出たりすると、ワクチン不足が起きてしまうのですか。

サヒン 両方とも可能性はあります。あとは私たちの生産施設でクラスター（感染者集団）が発生して人員不足が起きてしまうリスクもあります。万全を尽くし、とりわけドイツ国内での増産を達成しようと力を注いでいます。マールブルクに建設中の新しい生産施設は、当初の計画を大幅に前倒しして、２０２１年２月に完成しそうです。その施設で２０２１年の前半に2億５０００万回分のワクチンを生産できる可能性があります。

――ドイツでは、ワクチン接種を済ませた人には旅行や外食、イベントに行く特権を認めるべきだという議論が始まっています。そのような「差別」は禁止にすべきだという反論もありますが、この議論については、どのようにお考えですか。

トゥレシ これから数ヵ月間は、用心と自重が重要です。感染者数を減らし、感染の波がもう一回発生してしまうのを防ぐべきです。人を危険にさらすことなく経済を活性化させる方策を見つけることに集中すべきです。簡単なことではありません。政界の指導者が戦略を探し当てなければなりません。特権に関する議論については、両方とも言い分はもっともだと理解しています。

マインツにあるビオンテックの本社は工場らしい工場ではない。滅菌された全面真っ白のラボでは、ロボットがT細胞や血液を高速で検査し、遺伝子解析装置がアルゴリズムを使って複雑な遺伝子の配列を分析していた。ビオンテックは昔ながらの製薬会社というよりはハイテク企業なのだ。

本社入り口の横にある自転車置き場には、少々使い古されたマウンテンバイクが置いてあることが多い。これはサヒンのものだ。夫妻は自動車を持っていないのである。サヒンのオフィスは広くて簡素だ。どちらかというと作業室のような場所であり、控え室付きの経営者の執務室という感じではない。通常、この部屋の主はジーンズとシャツという服装でいる。一方のトゥレシは白衣でラボから別のラボへ忙しそうに動き回る。8階建てのこの建物では、数百人の研究者が働いており、仕事の大部分は研究だ。

現在、同社では20種の医薬品の開発が進められており、その大半はがんの治療に関わるものだ。今回の新型コロナのワクチンを除くと、いままでに薬事承認が下りた同社の医薬品は一つもない。そうなっている理由の一つは、トゥレシとサヒンが、いまだ誰も試していない新しい医療テクノロジーのパイオニアだからだ。二人が開発しようとしている医療テクノロジーは、人体を医薬品工場に変えてしまおうとするものだ。ビオンテックが重視するのはmRNAという人体で重要な役割を果たしている分子だ。mRNAはメッセンジャーとして、建設の青写真を、細胞の遺伝情報からタンパク質工場へ運ぶ役割を果たしている。だからmRNAさえコントロールできれば、理論的には、免疫系に腫瘍を攻撃させたり、特定のウイルスへの抗体を作るように命じたりするなど、いろいろなことができるのだ。ビオンテックのワクチンが開発されたことで、新しい破壊的技術が誕生したと考える専門家は多い。新種の医薬品の誕生は、今後20年で医療業界に革命を起こす可能性がある。

「患者まで届ける」

——お二人はもともと研究者ですが、いまは物流や調達、サプライチェーンの交渉なども されています。研究に専念できずに不満を抱くことはありますか。

トゥレシ　ときどき面倒だと感じることはありますが、ラボで作られたばかりのものを患者に届けようとするなら、それも仕事の一環なのです。謙虚になり、ほかの人がやって当然だとこれまで思っていたことにも関わっています。そうすると、生産、貯蔵、冷却、輸送といったことも科学的イノベーションに含まれるのだと学べるのです。これらの分野でも、新しい問題に対する新しい解決策が必要とされています。

――ご自身の何パーセントが研究者で、何パーセントが起業家だと考えていますか。

サヒン　100パーセント研究者で、起業家は70パーセントです。

トゥレシ　(笑) どうやら新しいタイプの数学が必要のようですね。

――ドイツでは研究者の起業はまだ珍しく、そこは米国とは対照的です。起業の動機は何だったのですか。

トゥレシ　起業しなければ、あまりにも多くのものが患者のベッドまで届かないからです。

サヒン　そこが肝腎です。「患者まで届ける」というのは、単に臨床試験をして、「20人の患者を治療してデータを集めた」と言っておしまいにするのではなく、イノベーションを推し進めていくことなのです。

トゥレシ　新しい標準治療が確立されるまでやらなければなりません。

――mRNAという研究分野を選んだ理由を教えてください。つい最近まで、そこは未知の部分ばかりの領域だったわけですよね。

トゥレシ　紆余曲折を経て、たどりついた感じです。

サヒン　もともとはがんを治療する免疫療法を開発したかったのです。がんには個性があるので、理想論を言うと、がんをそれぞれ個別に治療するのがいいという気づきが研究初期の段階からあったんです。それでそのビジョンを現実化するテクノロジーを探していたとき、mRNAに出会いました。その当時は非常に未熟な技術でしたが、20年の研究を重ねて、ようやく医薬品プラットフォームとして使えるようになりました。

――今回のワクチンは、mRNAの技術が役立つことを初めて実証しました。これによってビオンテックがいま開発中の20種ほどの医薬品の開発も加速しますか。

サヒン　それはほかにも多くの要素が絡むので、そこ次第です。

トゥレシ　パンデミックのワクチンで学べたことが、ほかの医薬品や病気に応用できるのかどうか。そこはまだわかっていません。ただ、今回の事例でもわかったように、医薬品の開発は、非常に速く進むこともあるのです。

――ビオンテックで働く研究者の数よりも、薬事規制当局のほうが、医薬品開発の速度を制限する要因になるのでしょうか。

サヒン　それはないですね。ただ、ドイツでは臨床試験の書類を出しても返事が出るまで3ヵ月も待つことがあります。新型コロナのワクチンのときは、たったの3日間で返事がありました。だから「どうすればがんの薬も同じくらいスピードアップできるのか」という問いはあります。

――欧州で薬事規制をしている欧州医薬品庁（EMA）は動きが遅いと感じますか。

サヒン　一国だけの規制当局に比べると、欧州の規制当局には、まだまだ無駄が多いです。それは加盟諸国がまとまれていないからです。しかし、これは単に欧州だけの問題ではありません。医薬品開発のルーチンは、もう何十年も変わっていません。どうすればもっと新しいものにできるのか、根本的なところの議論が必要です。そうしないとそこが医療イノベーションのボトルネックになりかねません。

——プロセスやルーチンがしっかりと確立していることには利点もあるかと思います。

サヒン それはその通りです。でも、ポイントはそこではないのです。バイオテクノロジーの未来は、もはや漠然としたものではありません。今後20年で医療革命が多くの分野で起きると確信しています。米中がバイオテクノロジーに重点的に投資してきたので、新薬候補が次々出てくるはずです。どうすれば欧州もこの分野で競争力を持てるのか。それを支える仕組みを考えなければなりません。

尋常でないストレスとプレッシャーに数ヵ月間さらされてきたのは間違いない。だが、サヒンとトゥレシはそれをまったく感じさせなかった。二人とも落ち着いていて、浮き足立ってはいない。企業の経営者には、大きな声で調子のいいことを言うだけの人も多いが、この二人にはそんなところがまったくなかった。それは数十年間、研究者として仕事をしてきたからなのだろうか。それとも、もともとそのような性格の持ち主だったからなのだろうか。

トゥレシは1970年代、ニーダーザクセン州の小さな自治体ラシュトルップで育った。父親はイスタンブールからドイツに来た移民だった。父親はラシュトルップのカトリック・聖エリザベト・シティフト病院という小さな病院の外科医として働きながら、自分の診療所も開業していた。一家の家は病院の向かいにあり、トゥレシは子供の頃、よく父親の仕事場に行ったという。

サヒンは4歳のとき、母親とともにトルコからケルンに移住した。父親がケルンにあったフォードの工場の労働者だった。1984年にケルンのエーリッヒ・ケストナー・ギムナジウムを卒業した。同校でトルコ人労働者の子供が学んだのは彼が最初であり、首席になったのも彼が最初だった。サヒンは最初にケルンの大学病院、次にホンブルクのザールラント大学病院で医学を学び、内科と血液学・腫瘍学の医者として働いた。

トゥレシとは医学生だった最後の一年に出会った。二人とも博士号は、がんと免疫系に関する論文で取得している。二人は1990年代半ばにマインツに行き、そこの大学で、二人のメンターとなる腫瘍学者クリストフ・フーバーと出会った。ドイツの世界水準の科学力が医療の世界で充分に活かされていないという認識は早い段階から持っていたという。サヒンは言う。「ときどきドイツという国はイノベーションが何の痕跡も残さず消えてしまうバミューダトライアングルなのではないかと感じることがあります」

２００１年、二人は最初の会社「ガニメド」を創設する。これは胃がんと食道がんの新しい治療法を開発する企業だった。この会社はその後、日本のアステラス製薬に４億２２００万ユーロで買収された。二人がビオンテックを創設したのは２００８年だった。資金を提供したのは、ドイツのジェネリック医薬品企業「ヘクサル」を創設したアンドレアスとトーマスのストリュングマン兄弟だった。この兄弟はヘクサルを売却して数十億ユーロが手元にあったのだ。

サヒンとトゥレシは、企業のオーナーではあるが、研究者としての出自に忠実でありつづけている。夫妻は娘とともに会社と大学の中間地点にある派手さのない自宅で暮らしてきた。元同僚は二人のことを、優秀なうえにガンガン働くタイプだと言う。トゥレシはかつて自分を「プロイセン系トルコ人」と言ったこともある。二人は２００２年の結婚式の日もラボに行って働いたという逸話がくりかえし語られているが、そのことには二人とも辟易している。それが事実と異なるからではない。自分たちが大事にするプライベートな事柄がそんな風に広まると、仕事に集中できなくなるからだ。

ファイザーのＣＥＯアルバート・ブーラは言う。

「ウグル（・サヒン）のような人は滅多にいません。研究者であり、プリンシプルを重んじる人です。百パーセント信用できます」

移民であることは普通のこと

――サヒンさんは長年、マインツ大学で実験腫瘍学を教えています。ビオンテックで重責を果たしながら、今後も学生の指導を続けていくつもりなのですか。

サヒン　学生の指導は続けます。私たち二人が指導した博士課程の学生のなかには、いまビオンテックで要職を担っている人が数名いますからね。ただ技術だけを教えているわけではありません。規制が非常に厳しい製薬業という環境で、どうやって問題に取り組んでいくのか。そこに関して同じような考え方を共有できる自分たちの流派を育てているのです。そのようにしながら基礎研究と医薬品開発の最良の部分を組み合わせていきたいと考えています。

トゥレシ　米国とは異なり、ドイツには、この種の研鑽を積める場がなかなかありません。そういった研鑽を積んだ専門家を育てていくことも私たちの仕事だと考えています。私たちの博士課程では、それが中核になっています。

――トゥレシさんは、ドイツ連邦教育研究省の個別化免疫介入療法の研究クラスターのトップであり、欧州がん免疫療法協会（ＣＩＭＴ）の役員でもあります。週１００時間労働なのではないでしょうか。帰宅しても仕事がつきまとうことはありますか。

トゥレシ　そういうことはあるかもしれませんね。でも、それが私たちの生活の仕方なのです。これは夕方五時で終わる仕事ではありません。仕事には没頭しなければなりません。だから仕事上の目標を達成していくには、中核となって一緒に働いてくれるパートナーや同僚のチームが不可欠です。

――休暇はとれていますか。

サヒン　(笑) そこの心配は無用です。うまくやっています。

――トゥレシさんが医者になろうと思ったのは、お父様が医者だったからなのですか。

トゥレシ　医者になりたいという望みは子供の頃から、はっきりしていました。父は外科医であり、開業医でもあったので、患者がいつも周りにいました。そうした患者さんたちを治したいという思いがありました。

――サヒンさんが医者になりたいと思ったのは、いつ頃からだったのですか。

サヒン　私も子供の頃から医師と研究者になりたいと考えていました。免疫学に夢中だったんです。かなり早い段階から免疫系ががんと闘えるはずだと考えていました。子供の頃から、がん患者が末期なのに健康そうに見えるのが納得できなかったのです。どうして免疫系がそんなことを許すのか。そこが疑問でした。

――サヒンさんは、病院で医者になるための訓練を受けながら、数学の勉強もしていたそうですね。医学だけでは物足りなかったのですか。

サヒン　数学の勉強は好奇心からしていました。物事を最も純粋なかたちで、細部まで理解したかったのです。その意味では数学より美しい学問はありませんからね。

――お二人とも、いい意味で仕事に夢中ですよね。お金やモノを重視するようなところが感じられません。いま突然、名声まで得たわけですが、それが負担になってはいませんか。

トゥレシ　有名であることにたいした価値を置いてこなかったので、なんとかやっていけています。コンピュータの前に一日中座って、自分の名をグーグルで検索しつづけるようなことはしていません。デジタル時代でも、そういったことから逃れることはできるのです。

――その意味ではマインツはいい都市ですよね。

トゥレシ　マインツは地に足がついていて、刺戟も少ないので大好きです。

――カーニバルのときは、そういう感じではないですけれどもね。

サヒン　それについてはできればコメントを控えたいです。

――お二人がトルコ系だという話題は避けて通れないかと思います。お二人のことを移民のロールモデルだと讃える人も出てきています。一方、トルコ系というアイデンティティばかり強調するのは間違っていると言う人もいます。お二人は、この点に関して、どうお考えですか。

サヒン　私たちの会社では60を超える国々から集まった人が働いています。移民であることは私たちにとって至って普通のことなのです。そういったことはまったく気になりません。とはいえトルコ系の人を中心に、私たちの成功に刺戟を受けた人がいたということは理解しています。そこのところは良識を持って対応する責任があると思っています。それでほんとうだったら語るつもりもないことも少しだけ語るようにはしています。

トゥレシ　アイデンティティはネガティブなものではありません。アイデンティティを政治の道具として使い出すのが有害なのです。そうなることだけは何としても食い止めたいです。

――仕事とプライベートが区別できない状況を嫌がる人は多いです。お二人はどうやって対処しているのですか。会社にとって重要な問題でお二人の意見が大きく対立する場合、どちらが決定権を持つのですか。

サヒン　客観的に議論します。会社の組織図では私が上司の位置にあるわけですが、議論をして自分が間違っていることがわかれば、間違いを認めています。

トゥレシ　私も同じです。

ドイツではイノベーションよりも仕上げが優先される

——ビオンテックの時価総額が急上昇したおかげで、お二人はドイツの長者番付の上位に入るようになりました。

米国ではこれがお二人の成功の証としてとらえられるのでしょうが、ドイツではこの種の長者番付に抵抗感を覚える人が多いです。お二人もそうですか。

サヒン　長者番付は無意味だと感じます。そもそも帳簿上の数字でしかありませんからね。だから株価が下がって、時価総額が数億ドル減っても平気です。

——ここ数十年で医療とバイオテクノロジーは長足の進歩を遂げてきました。しかし、ここまでドイツの金融機関から敬遠され、政治家からも無視されてきた業界も珍しいです。なぜそんなことが起きてしまったのでしょうか。

トゥレシ　ドイツという国にはリスクを負ってイノベーションを起こすことに、ある種の抵抗があるのです。イノベーションよりも仕上げを完璧にすることを優先しがちです。

サヒン　ドイツでは誰かが新型の車の開発を発表したとき、その車にホイールキャップが欠けていたら、全員がホイールキャップの文句ばかり言って、新発明の部分について語らないのです。米国では、ホイールキャップの開発を発表するだけで、革新的な自動車を期待できそうだという声が出てきます。歴史のある大企業にはできないことでも、スタートアップ企業ならできるかもしれない。そういう発想がドイツには残念ながら足りていません。

――それはご自身の経験からそう感じるのですか。

トゥレシ　3年前まで「ボストンに行けば有望なバイオテクノロジー企業が何社もあるときに、よりによってマインツを拠点とするような会社に大業を成し遂げるのを期待しろというほうが無茶だ」といったことを何度も言われました。

サヒン　IT業界とは異なり、バイオテクノロジーへの投資は3～4年で元がとれるわけではないという事情もあります。10～15年の時間がかかるのです。

――ドイツのインターネット業界のパイオニアであるザンバー三兄弟も、いまは不動産投資を増やしています。

サヒン　残念ながら現状ではベンチャーキャピタルは足りていません。

トゥレシ　私たちの業界では投資が実を結ぶまで忍耐強く待たなければならないことに加えてもう一つ問題があります。それは初期にかなりの額の投資をしなければならないことです。新しい医薬品を市場に出すには、たいてい10億ドルを超える額が必要です。そのことが投資を抑制してしまっています。

がんの治療法を根本から変える

——今回のビオンテックの成功でいろいろなことが変わっていくと期待していますか。

サヒン　刺戟を与えられたのではないかと考えています。ドイツには才能にあふれた人が多数います。バイオテクノロジー業界の同業者のほとんどが、私たちの成功を喜んでくれています。新しい投資を呼び込んだりするなど、業界全体への利益にもつながっているからです。投資してくれる人や機関が、米国のように多様化していることはうれしいです。米国の特徴は、ベンチャーキャピタルや民間の投資家だけでなく、国防高等研究計画局（DARPA）のような政府機関も投資をするところです。

——たしかにDARPAは米国防総省の機関として国防に応用できそうな研究プロジェクトに資金を出していますよね。

サヒン　そういった政府機関は決断が速く、スタートアップ企業に数億ドルの投資をします。一種の補助金です。ヨーロッパでも、そういった仕組みをもっと活用できるはずです。

——ドイツのスタートアップ企業は自社製品を世界に売り込むのが苦手です。どうやってグローバル製薬会社をめざす計画ですか。

トゥレシ　どのような意味でグローバルな製薬会社とおっしゃっているかにもよるかと思

いますが、この会社を創設したときに決めていたのは、自分たちのイノベーションが世界中の人に役立つものにすることでした。そのためには国外に生産施設、子会社、ネットワークを広げていかなければなりません。今回のワクチンでそのようなネットワーク作りを開始できています。グローバルなパートナー企業としてファイザーと一緒に仕事をするようになりましたし、ビオンテック自体も国外進出を進めています。将来的には、私たちのがん関連の医薬品も、ワクチンと同じようなかたちで生産して流通させられる可能性があります。

サヒン　現時点で私たちが力を注いでいる分野は主に感染症とがん研究の2つですが、この中核分野の外にも事業を拡げていきたいと考えています。中期的にはビオンテックを免疫療法の企業にしたいです。炎症や自己免疫疾患、再生医療に取り組んでいきます。来年か再来年には、こうした分野でも医薬品の候補を出せるはずです。

――それをビオンテック一社だけでするのか。それともどこかの巨大製薬会社がビオンテックを買収するのが先になるのか。そこが問われています。

サヒン　チャンスに恵まれているわけですから、自分たちだけでやると志を立てています。今回の新型コロナのワクチンを上手に売って資金を得られれば、それを再投資に回せます。いまはその戦略を練っています。どのようなときに他社とパートナーシップを組むのか。どのようなときは自分たち一社だけでやるのか。どんなときに他社を買収するのか、といったことです。2020年5月には米マサチューセッツ州ケンブリッジの競合他社を買収しました。従業員100人以下の会社ですが、優れた研究チームを擁しているところです。将来的にはこの種の買収が増えていくと考えています。もちろん買収先が私たちの社風に合うのが大前提ですけれどもね。

——ファイザーのCEOはビオンテックを買収したいという話を何度持ちかけましたか。

サヒン　その話は一度も出ませんでした。彼は私たちがどこに向かおうとしているのか正確にわかっていますからね。パートナーシップを結んだとき、このワクチンを第一歩としましょうと最初に明確に伝えました。私たちが求めたのは、単なるライセンスの契約ではなく、真の意味での協働でした。

トゥレシ　がん関連の製品でもパートナーシップを組むときは、つねに対等な関係を保てるように設計しています。パートナーシップが買収への入り口になるようにしてはいないのです。市場に向けてつねに自主独立を貫きたいというメッセージを発信しています。

——今回の成功を受けて誰に感謝したいですか。

サヒン　アンカー投資家として株主になってもらったトーマスとアンドレアスのストリュングマン兄弟です。2007年、私たちにビジネスの案しかなかった頃、たった3枚のビジネスプランだけを持って話をしにいったら、その案の可能性を信じてくれたのです。

トゥレシ　大学で私たちのメンターだったクリストフ・フーバーにも感謝したいです。大学に残りながら、この会社を創設するのは簡単な道ではありませんでした。彼はビオンテックという会社を創設する夢に加わり、その夢を実現するために必要な条件を整えてくれました。

――ファイザーのＣＥＯアルバート・ブーラはお二人に全幅の信頼を寄せているように見えます。

サヒン　彼には、費用がどんなに膨れ上がっても、このプロジェクトを支えると明言してもらいました。グローバル企業のトップとして、そんなことを言うのは勇気がいることです。

――ビオンテックは、もともとがん研究の会社でした。３年前に、がんワクチンの研究で初めて注目されました。がん関連の最初の医薬品は、いつ承認が出そうなのですか。

トゥレシ　複数の製品の開発が進行しており、そのうちのいくつかは有効性を検証する重要な試験が迫っています。つまり、２０２３年か２０２４年にも承認されるのではないかと考えています。

――腫瘍学は近年、急速な進歩を遂げています。この調子で進歩が続くなら、２０２０年代末には、がんが治療可能な病気になるのではないかと考える専門家も出てきています。

お二人は、どれくらい希望を持っていますか。

サヒン　がんの早期発見、早期治療への道ができてきています。これは大きな革命になる可能性があります。ただ、初期の患者のための治療法が欠けています。手術後に転移が見つかる確率は30～40％です。ビオンテックが貢献できそうなのはこの分野です。私たちががんの治療法を根本から変えるチャンスはリアルにあると考えています。

※記事の内容は、元記事が掲載された当時のものです。

第3章　国際企業が見る世界

トタル
石油メジャーCEOが読むコロナ後の西欧と中国

「気候変動はテクノロジーが解決する」

パトリック・プイヤネ
Photo : Christophe Morin/Bloomberg via Getty Images

Patrick Pouyanné : « Le tournant historique que j'espère » Le Point 20/7/16, Text by Étienne Gernelle/Michel Revol

「『中国も他国を必要としている』——仏石油大手トタルCEOが読み解く新たな世界秩序」COURRIER JAPON 20/9/26

Total　フランス・パリ郊外に本拠を置く石油会社。1924年設立。スーパーメジャーの一社。石油、天然ガスの開発、販売のほかに、最近ではグリーンエネルギーに注力。2020年の売上高は1197億ドル。最終損益はコロナ禍の影響により自動車ガソリンや航空燃料の需要が大きく低迷し、72億4000万ドルの赤字。

フランスの石油大手トタルは、米エクソンモービルなどと並ぶ「スーパーメジャー」の一角を占める国際巨大石油資本だ。そのトタルCEOパトリック・プイヤネが、エネルギー企業ならではの視点で、現在の世界秩序に関する現状認識について語った。多国間主義が崩壊し、西欧社会が内向きな傾向を強める今、中国の覇権主義や先進国の〝産業の空洞化〟問題に我々はどう対峙するべきなのだろうか――。

各国首脳を知る企業リーダー　パトリック・プイヤネ

教えてくれ、あなたは何を見たんだ――。ボードレールは詩集『悪の華』の有名な「旅」という詩でこう問いかけた。

	BP (英)		ロイヤル・ダッチ・シェル (英蘭)		トタル (仏)		エクソンモービル (米)		シェブロン (米)		コノコフィリップス (米)	
(年)	売上高	純利益	売上高	純利益	売上高	純利益	売上高	純利益	売上高	純利益	売上高	純利益
2019	2784	42	3521	164	2003	114	2649	148	1465	119	367	72
2020	1803	−203	1805	−216	1197	−72	1815	−224	944	−55	193	−27

(単位は億ドル)

石油メジャー

２０１５年に仏石油大手「トタル社」ＣＥＯに就任したパトリック・プイヤネは、これまで世界のあちこちを飛び回り、旅をしてきた。

エマニュエル・マクロン大統領とジャン＝イヴ・ル・ドリアン外務大臣を除いて、彼以上に国家首脳に面会しているフランス人がいるだろうか。プイヤネは「私のクライアントですから」と言って、笑ってみせる。

理由はよくわからないのだが、ふつう、企業の経営者たちは自社の活動や業績報告以外に、メディアのインタビューにはめったに応じない。

だが、世界を間近に見ている経営者たちが考えていることとは、学者や知識人の思想と同様に重要なはずだ。「偉大な旅人」プイヤネに、環境問題と激動する経済の地政学的バランスをどう見ているか、そのビジョンを明かしてもらった。

――コロナ後の世界に刺激を感じますか、それとも不安を感じますか？

プイヤネ　常に楽観主義でいるべきです。なぜなら、チャーチルが言ったように、「楽観主義者は危険の中にチャンスを見て、悲観主義者はチャンスの中に危険を見る」からです。

しかし現実を見ましょう。世界は動揺しています。パンデミックは分断の傾向を加速させました。何よりもまず、グローバル化の良い側面を忘れないようにしなければなりません。グローバル化によって、この10年で多くの人々が貧困から抜け出すことができました。

それでもやはり、私たちが裏切られたという点があることも認められます。西欧諸国は、ベルリンの壁崩壊後、民主主義、自由主義、そして幸福が同時に進展すると考えて（それは誤りでしたが）、グローバル化を望みました。

ソ連の共産主義が失敗し、西欧のこのモデルが勝利を収め、私たちはそのモデルを寛大にも輸出しようと欲していました。私たちはたとえば中国にまでそれを拡大しました。中国も私たちに歩み寄ってくれると、おそらくはナイーブな希望を抱いて、国際貿易機関に中国を迎え入れました。

その20年後、独裁的な政治体制を保ったまま、中国が世界1位の経済大国になるのを、私たちは目の当たりにしています。中国政府がまったく別の道を選択しつつも西欧のモデルを学ぶ力を、私たち西欧は過小評価していました。

大企業のように運営されている中国共産党は、2つの世界から望むものを手に入れました。中国政府はゲームの規則を本気で尊重してはいませんでしたが、私たちはそれを、自由というイデオロギーの名において、放置してしまいました。

今日では、人々は目を覚まし、使う物すべてに「中国製」と記されていることに気づいています。そしてまた、職を失い、技術的優位を失っていることも気づいています。

自閉し〝内向き〟になる西欧諸国

――西欧は内向きになることで打開を試みているように見えます。

プイヤネ　はい。西欧の人々は、発展途上国の台頭に直面して、格下げされ、今や従属していると感じています。自分たちがグローバル化の恩恵を得ることはないと思っています。

もっともそれは誤りです。中国製品が西欧の市場に溢れていなかったら、私たちの購買力はもっと低かったでしょう。

それに加えて、西欧の人々には、西欧社会そのものの中において不平等が広がっているという感覚もあります。

別の現象も付け加えましょう。西欧社会の住人は、とりわけフランスでは、人々がつねに社会保障を要求するので、厳しい徴税システムが作りだされました。それが不満を加速させています。

――しかし、人々よりも政府が自閉を望んだかのような印象があります。

プイヤネ　パンデミックはあらゆる堤防を吹き飛ばしてしまいました。一夜にして、国はもはや経済や予算に対して気がねはしないと決定しました。優先されるのは、40年にわたって私たちを動かしてきた経済ではなく、人間と健康です。

エマニュエル・マクロン大統領が言ったように「いかなる代償を払っても」です。市民の期待に応えて、国家は保護者となりました。人間の名のもと、国家は莫大なユーロを注ぎ込みました。問題は、それぞれの国が独自にそれをおこなったということです。

崩壊する多国間主義

――それはつまり、どういうことですか？

プイヤネ　私たちは今回のパンデミックで、すでにひどい状態ではありましたが、多国間主義（註：複数の国の合意に基づいて世界的な課題に対処すること）の崩壊に立ち会うことになりました。

30年前、各国は、WHO（世界保健機関）に従い、そして国連安全保障理事会を招集するなどして、世界的な健康衛生上の危機に協働で対応しようと取り組んでいました。今回はどうなっているのか？

各国政府はお互いに距離をとり、WHOは疑われ、各国は自国のことしか考えていません。この危機に及んで、国家は自国への対応を優先するようになりました。それはまるで、誰もが故郷に帰るように国が命じているかのようです。

私たちは大規模な出戻りにも遭遇しているのです。もはや「G20」も「G8」もありません。今は、イアン・ブレマーの言葉を借りるなら「G0《ゼロ》」の世界です。

私は不安です。次にパンデミックが起きたら、人はどうするのか。この20年間で世界は7回のパンデミックを、つまり平均して3年に1回のパンデミックを経験しています。世界レベルの協働を改めて呼びかける必要があります。

たとえば気候変動に対してと同じようにです。私たちの世界は地球規模の現象に直面していますが、それに対する対応は今や往々にして「自分たちのために」なのです。

――多国間主義はなぜこれほど簡単に崩壊してしまったのでしょうか？

プイヤネ　ウィルソンによる多国間主義、つまり諸国家の共同体は時代遅れになりました。それは大西洋を軸にして構築され、当時は支配的でしたが、今日では、70億人の地球の人口のうち、40億人がアジアに住んでいるのです。今や世界は太平洋を軸に回っています。

この10年から15年、アメリカが世界のリーダーとしての役割を望まなくなっていることは言うまでもありません。アメリカ人たちもまた、自分たちの仕事が他所に行ってしまったことを知り、それゆえ政府に自閉のプレッシャーをかけています。

もっともそれはドナルド・トランプ以前から、バラク・オバマ、ジョージ・W・ブッシュ、9・11の頃から始まっていました。

アメリカ人たちは、今日では自国以外をあまり必要としていない、と言っておく必要もあります。アメリカは数年前に自国内で重要なエネルギー資源を発見し、デジタル技術に関しては世界をリードしています。アメリカはほぼ自給自足でやっていけるでしょう。

グローバリゼーションは中国さえも他国に依存させる

――中国はアメリカに代わって世界のリーダーになろうとするでしょうか？

プイヤネ　それが謎です。中国が覇権的であることを望み、それを実現するとは信じられません。というのも、グローバリゼーションは、中国にとってさえも、相互依存を伴っているからです。

中国は世界を支配するつもりはないと、イデオロギー的な勧誘活動はしていないと声高に叫びますが、中国には新たなシルクロードのような、経済的拡大計画があります。しかしながら、歴史上、中国が国境を越えた帝国であったことは一度もないと指摘しておきます。中国が「万里の長城」を作ったのは、自らを守るためです。

しかし、中国は自給自足の方向で考えを巡らすことはできないでしょう。なぜなら、とりわけ自国民を養うために、中国は他国を必要としているからです。

結局、もし中国が支配者の役割を望んだとしても、他国の反応は厳しいものになるでしょう。それでも、アメリカと中国という2つの超大国のあいだには、影響力と誇りという重要な問題が、そして新たな冷戦という現実的な危険があります。

――香港を掌中に収めようとする中国政府の動きは、この危険を例証していますか？

プイヤネ　香港で起こっていることに私は驚いています。これはおそらくパンデミックの管理に結びついた、中国政府の苛立ちを表しています。それをするにしてもやり過ぎではないかと、中国は考えるべきだったでしょう。

――この新たなバランスの中で、中国のアフリカ進出はどうでしょう？

プイヤネ　このパンデミックの間に実際にアフリカを援助したのはどこか？　中国とアメリカです。アフリカはすぐ目の前にあるのに、ヨーロッパは見て見ぬふりをしました。

アフリカ諸国の発展を手助けする必要がありますが、それには言葉と善意だけではダメです。たとえば、西欧的な民主主義が唯一の良いシステムだとアフリカ人たちに言うのはやめましょう。

アフリカ人たちはとても若く、近代世界を携帯で眺め、それを有効活用しようとしています。だから、腕まくりをして取り掛かり、実際に発展を手助けしに行かなければなりません。

中国はそれをおこない、今のところ上手く受け入れられています。ナイロビ―モンバサ間に列車を走らせたのはどこか？　道路を作り、インフラを整えたのはどこか？　中国です。

２０１８年、習近平は北京でアフリカ・中国協力フォーラムを開催しました。アフリカ諸国の首脳54名のうち53名が、そこに集まりました。アメリカもそれに参加しようとしていましたが、ヨーロッパは乗り気ではありませんでした。

EUの〝産業の空洞化〟は深刻だが〝生産拠点の回帰〟は非現実的

――では、ヨーロッパはどのような影響力を持っていますか？

ヨーロッパは強い勢力ではありません。ヨーロッパは根本的に、市場です。この巨大な市場は、40年ほどの間に、ヨーロッパの消費者のために構築されていきました。そのためには、中国製品やアメリカ製品を大量に輸入してでも、消費者に低価格の商品を提供する必要がありました。

そして、たしかに、この市場にはよい効果もあります。たとえば、電話通信料金はアメリカと比べるとかなり低価格です。しかし、その結果、ヨーロッパでは50もの小さな電話会社が作られ、それらが競い合うことになりました。

一方、アメリカと中国にはそれぞれ3つの巨大な電話会社があるのみです。その各社では、驚くべき速さでデジタルのイノベーションが進んでいます。

――よく話題になる〝産業の空洞化〟と〝生産拠点の回帰〟の問題はどうでしょうか？

プイヤネ　フランスでの真実を言いましょう。海外移転したすべての工場をこちらに戻すことにはならないでしょう。もしそうしたら、製品が値上がりすると言わなければなりません。

私は、フランスが経済文化を欠いていることを少し危惧しています。フランスでは、1人の労働者が1時間働くと、平均して38ユーロのコストがかかります。ルーマニアでは9ユーロ、ヴェトナムで2ユーロです。

結局、もし工場を国内に再移転して、フランス人労働者で稼働させるとなると、たとえ生産力が上がったとしても、製品の最終価格も2倍から3倍まで上がるでしょう。

工場を呼び戻そうとしながらも、結局お金を払うのは客であり消費者であるということを言わない、政治家たちの発言には違和感があります。

この危機で得られる教訓は、生産拠点の国内回帰ではなくて、むしろ供給網を多様化させること、在庫量を適正化することであり、まず初めに、私たちが依存している基本備品のリストを固めることです。

——あなたがた巨大企業にとって、生産拠点の国内回帰のテーマはデリケートでしょう、政治の要求が強いですし。

プイヤネ　私たち大企業が国境を越えるモデルで発展してきたのに対して、ヨーロッパの人々は、国の領土という視点からまず考えます。国はこの数十年、経済領域を企業に委ね、何をすればいいのかよくわかっていませんでした。それだけに、緊張が生じる危険が実際にあります。

規制の誘惑は強くなってゆくでしょう。企業は自国の領土と関わることで答えなければなりません。多国籍企業には所在地への責任があると、私は信じていますから。

——フランスは脱産業化し、サービス産業の割合が高まった「平均的に貧しい」国になっていくのでしょうか？

プイヤネ　正面から物事を見なければなりません。35時間法（註：週の労働時間の上限を35時間と定めるフランスの法律）で製造のシステムを機能させようとするのは難しいことです。

トタルでは、フランスの製油所を24時間体制で稼働させるために、一つのポストに7名を必要としています。ドイツでは5・5人です。

労働時間を減らして競争力を高めようとする考えは、事務所で機能するものであって、工場ではそうもいきません。それゆえ、勝負すべきは、そこではありません。

原子力、TGV、エアバスなど、先取りの計画に着手したときフランスは成功しています。しかし、一般的な物品を製造することでフランスは再工業化すると信じ込ませたいのなら、それは上手く行きません。

――それは野心の問題なのでしょうか？

プイヤネ　真の問題は、人々がもはや進歩をそんなに信じていないということです。自分たちに信頼が置けないからです。少ししか望まない、だから少ししかできない。望むことは、可能にすることなのです。

「世界は勇気あるリーダーを必要としている」――ソルジェニーツィンは、ハーバード大学での有名な演説で、このように語りました。その中で彼は、西欧世界は勇気の欠如ゆえに衰退してしまったと説明しました。人々が現実を知っているとしても、政治的なリーダーは幻影を維持するものです。
フランス人たちは自国の現実がいかなるものかを知っていると私は確信します。そしてフランス人は自分たちが平均以上の暮らしをしていると考えています。しかし、定期的に、フランス人たちは幻影に騙され、そしてそれにすがりつき、結局は幻滅します。

――結局のところ、西欧はニーチェが述べたニヒリスト的人間、「力への意志」を持てず、安楽と憂鬱の中に閉じこもる人間に似ていませんか？

プイヤネ　それには注意すべきです。西欧の衰退、退廃は防衛の運動を引き起こします。ところが歴史上、自己への閉じこもりは、悪い結果で終わっています。それは緊張と紛争を生み出すものです。それによって得をするのは、ポピュリズムと独裁体制です。

気候変動を解決するのはテクノロジー

――この数年の、大きな政治的潮流に、エコロジー重視の若者の運動の出現があります。

プイヤネ　若者が気候問題を懸念するのは正しいことです。「今の世代は十分に行動を起こしていないが、そのことについて将来、責任を負うことになるのは彼らではない」と若者が言うのはまったく正当です。これは、世代間の連帯への要請であり、私もよく理解しています。

逆に、すべてをストップさせて、反成長主義者になるしかない、と言うのを聞くと、少し苛立ちを覚えます。もしそんなことをしたら、たとえば今日から石油の産出をストップしたら、もうiPhoneで遊ぶことはできなくなると彼らに言わなければなりません。

進歩を止めることは馬鹿げています。なぜなら、気候変動の問題を解決するのは、水素エネルギーのような、まさしく新たなテクノロジーの開発によるからです。私はこの問題に関しては楽観的です。

――なぜですか？

ブイヤネ　人々はエネルギー問題が解決にまで到達しないことを恐れています。そうなるのは、今の私たちの知識の状況で決定をしようとするからです。

しかし、エネルギーの分野はこの20年で急速に進歩しています。２０００年の時点では、誰も太陽光やリチウムイオン電池について語っていませんでした。今では、空気中のCO_2の分子を集めることも考えられています。

だからこそ、私は〝予防原則〟に反対なのです。私にとって、それは反イノベーションであり、反進歩です。しかし、人間には進歩する欲求があります。

――炭化水素について、あなたはあなたなりにサウジアラビアの元石油大臣ヤマニ師の言葉をくりかえしています。彼は「石器時代は石がなくなったから終わったのではない」と言っています。

ブイヤネ　はい、なんという予言者でしょう。おそらく、結局のところ、地球上には多くの石油が残されるでしょう。今や問題は、世界にとってもトタルにとっても、電気を生み出すことなのです。

しかし、どうやってそこに至るかを注視しなければなりません。たとえば、天然ガスは炭化水素なのですが、バイオメタンとともに用いることでクリーンになり、特に炭素と置き換えた場合には炭素の排出量を減少させる移行手段となっています。

グローバルな視点を持つ必要があります。そしてまた、議論があまりに分断されているので驚いています。

人々を巻き込まなければ環境問題は解決しない

――エコロジー対策があまりに分断されているというのは、どういう点についてでしょうか。

プイヤネ　ヨーロッパでほんのわずかな炭素排出の削減に1億ユーロ出すよりも、大量に炭素を使っているインドのエネルギー移行に同じ金額を投資したほうが１００倍効果的なことを示すのは簡単です。

定義からして、気候の変動には国境がありません。エリートたちはその土地に関わっているので、誰もこの議論をしたがらないのが問題です。自分の国に留まっているだけでは、解決には至りません。

——気候への懸念は世界的な政治の大勢です。しかし、フランスでは地球温暖化対策のための燃料税の値上げをきっかけに黄色いベスト運動が起こりました。このことは、環境対策が人々の間に緊張を生み出していることの証左ではないでしょうか。

プイヤネ　気候変動が存在する、このことは紛れもない事実です。しかし、人々を納得させ、巻き込まなければなりません。

気候市民会議が万人の生活を規制しようとしたことには驚きました。「1週間に2回はベジタリアンの食事をしましょう」です。信じられません。私は好きなものを食べ、私は自由です。おそらく、少し制約は必要でしょうが、エコロジーは皆が専念してはじめて機能するものであり、上からの規制でどうにかなるものではありません。エコロジー問題は、専門家だけではなく、すべての人が関わらなければ解決しません。

パンデミックで経済は〝未知の領域〟に入った

——国の負債、マイナス金利など、経済についてはいかがでしょうか。

プイヤネ　経済は〝未知の領域〟に入りました。パンデミックで堤防が決壊したからです。負債に対する制限という意味での堤防です。

私は最近、ジャン＝クロード・トリシェ（註：欧州中央銀行の元総裁）と議論をしました。彼によると、中央銀行のバランスシートは２００８年の危機の時には6兆から7兆ドルで推移していましたが、今日では22兆ドル以上、３倍以上になっています。何の価値もないお金が大量に作られました。

それが正常かどうか、それがいつまで続くのか、危険なことなのか、私にはわかりません。そのうちに、価値のないお金があるのですから、未来に投資する機会を持とうではありませんか。

注意してください、非効率的な公共システムに借金をして投資しなければならないと言っているわけではありませんし、永久に国を麻痺させるべきだと言っているわけでもありません。そうではなくて、未来にお金を賭けるときだということです。

ご存じのように、トタルにも負債がありますが、それは投資のためで、カーボンニュートラルな未来のマルチエネルギーを作り出すためです。

――ということは、今は借金をすべきときだと、お考えですか？

プイヤネ　はい、たとえば今はインフラストラクチャーのような大きな計画のために借り入れをするときです。

電気自動車の場合を考えてみましょう。自動車は自由という欲望を実現する手段です。ですから、好きなときに、問題なく、いつでも出かけられなければなりません。

それゆえ充電スタンドがある場所を広げる必要があります。そうでなければ、電気自動車は上手くいかないでしょう。また、もし電気自動車が都会だけのものだったら、気候への効果はきわめて小さいでしょう。

ヨーロッパ諸国は、この状況を利用して、全力を尽くすべきです。方法は簡単です、マイナスのレートでお金を借りて、中国ではなくてヨーロッパの中小企業から充電スタンド用の土地を購入するのです。

そうしたら、私がヨーロッパ中にスタンドを作ります。今は製造業者に電気自動車の開発をさせているだけですが。私はこのように一貫したシステムを構築するつもりです。

そして、世界での競争に先手を打ちます。これが、欧州グリーン・ディールとも、気候変動への野心とも同意した、未来への具体的な投資の実例です。

「信頼関係を創るために指針を示すのがリーダー」

――あなたはもうすぐ新しいビルに移るようですが、まだオフィスは完成していませんね？

プイヤネ　人間は社会的動物です。リモートワークは、過程としては、あるいは数値管理の突き合わせとしては、機能します。しかし集団として知的であり、創造的であるためには、モニター上では上手くいきません。

そもそも、イノベーションは組織された集まりの中ではなく、形のないところで生まれます。つまり人々がオフィスで行き交い、一緒に昼食をとるからこそです。

企業とは、集団であり、モニター越しの小さなロボット集団ではありません。この共同体は、全体としてそれぞれの給料の総額よりも価値があります。誰もがテレワークできるわけではないことも忘れてはいけません。

当社ではフランスに3万5000人の従業員がいますが、3万人が工場です。私はダブルスタンダードの会社にはいたくありませんから。

――トタルのトップに就いて5年になりますが、何を学びましたか？

プイヤネ　まず、権力を持つのは孤独だということです。普通なら他人の視線に晒されることはありません。その点でリーダーは「普通」ではありません。

また、リーダーシップには勇気が要求されます。もし自分自身に勇気がないならば、何かについての勇気を持つことです。重要なのは、会社の集団的利益を理解することです。

２０１９年の３月に、石油事業が失敗したときに、私は動画を全員に配信して言いました。「上手くはいっていない、しかし全員で腕まくりをしよう」。望むならできる。リーダーは信頼関係を創るために指針を示す必要があります。そして、その信頼をもって、私たちは大きな困難に立ち向かいます。

このような企業の経営者になると、決まって聞かれる質問があります。「この会社を、どこに向かわせるのですか？」。集団の野心を形にして、それを他の人々と共有する必要があるのです。

――個人的に、あなたは変わりましたか？

プイヤネ　はい、もちろんです。このような経験は人に影響を与え、成熟したリーダーを作り出します。時に、私はいつも言い聞かせていました、君には長所も短所もある、しかし君はまず長所ゆえに選ばれたのだ、と。

トタルのような企業のトップにいると、短所を修正することはそれほど重要ではありません。時すでに遅しなのです。短所を意識しつつ、むしろ長所を生かすことが必要なのです。

――若者へのアドバイスはありますか？

プイヤネ　重要なのは、自分が好きな仕事をすることです。そして、働かなければなりません、奇跡はおきません。最後に、他者に心を開くことです。

――なぜ旅行が、特に僻地《へきち》への旅行が好きなのですか？

プイヤネ　私は地球全体を楽しみたいのです。また、自分の仕事から距離をとりたいとも思うのです。

去年（2019年）はルワンダに行きました。そこでは野生のゴリラを見ることができます。数年前にはパプアに行きました。そこでは、ヨーロッパ人の生活についてまったく考えたこともないような人々、高速道路や空港が何かを知らない人々に出会いました。

しかし彼らは自分たちの世界にいて、幸せそうでした。そして彼らはいい人たちでした。彼らはあなたを迎え入れ、あるがままのあなたを受け入れてくれます。時々は立ち止まることを知る必要があるのです。

パランティア
正義か悪か、世界が注目するデータ分析企業

「ソフトウェアと難局が重なり合うところにパランティアの居場所はあるのです」

アレックス・カープ

Photo : Julien Mattia/NurPhoto via Getty Images

« Does Palantir See Too Much » The New York Times Magazine 20/10/21, Text by Michael Steinberger

「ピーター・ティールが立ち上げた謎のデータ分析企業『パランティア』の実態に迫る」COURRIER JAPON 21/5/29〜21/6/2

Palantir　2003年に設立されたデータ分析企業。社名はトールキン『指輪物語』の遠見の石に由来する。CIA、クレディ・スイス、エアバスなど名だたるところがそのソフトウェアを利用していることで知られる。2020年9月に上場し、時価総額が157億ドルになったとして、大きな話題を集める。スタンフォード大学ロースクールの同期、ピーター・ティール、アレックス・カープが設立。アレックス・カープがCEOを務める。

ペイパルの創業者で、投資家のピーター・ティールが2003年に立ち上げたデータ分析企業「パランティア」。同社は膨大なデータを統合し、分析することで人間でも見落としてしまうパターンを見つけ出すソフトウェアが売りだ。

個人情報を扱う面もあるために、プライバシー保護の観点から問題視されることも多々ある。だが、その実態はいまだに謎に包まれている。ニューヨーク・タイムズ・マガジンがその内情を明らかにした。

『指輪物語』に由来する社名

2019年の秋のある晴れた火曜日の午後、パリのリュクサンブール公園でアレックス・カープ（53歳。2020年10月当時）が太極拳をしていた。青のナイキのスウェットパンツに、青のポロシャツ。靴下はオレンジで、スニーカーはチャコールグレー。赤のアクセントが入った白縁のサングラスが、彼の最大の特徴である天に向かって逆立つゴマ塩の髪を引き立てていた。

栗の木陰でカープは太極拳と気功の一連の優雅な動きをする。体をひねったり、向きを変えたりするたびに足元の小石や土がわずかに動いた。その姿を、近くにいた10代の若者たちが面白そうに眺める。10分ほど、そうやって体を動かした後、カープは近くのベンチに行った。そのベンチにはボディーガードの一人が置いた楽器ケースのようなクーラーボックスがある。ケースにはカープが愛飲するドイツのノンアルコールビールの瓶も数本入っているが、いま中から取り出したのは次の動きで使う木剣だった（ビールのほうは後で公園を出るときに1本開けた）。カープは剣で空を切り裂きながら、何事もないかのように言った。

「前回この公園で本物の剣を使っていたら警察に止められてしまってね」

そのフランス人の警察官たちは、カープが危険人物ではなく、フランスの治安維持の一端を担うソフトウェアを作った米国企業のCEOだとは思いもよらなかっただろう。その米国企業とはパランティア・テクノロジーズ。この社名はJ・R・R・トールキンの長編

社名		企業価値(億ドル)
北京字節跳動科技(バイトダンス、中国)	動画アプリ「TikTok」	750
滴滴出行(ディディ、中国)	配車アプリ	560
ストライプ(米国)	電子決済	360
スペースX(米国)	宇宙船開発	360
パランティア(米国)	データ分析	200

(出所)米CBインサイツ　(日本経済新聞2020年7月7日付をもとに作成)

主要ユニコーン企業

小説『指輪物語』に出てくる遠見の石「パランティア」から採られた。同社の主要ソフトウェアは「ゴッサム」と「ファウンドリー」の2種類だ。いずれも膨大な量のデータを集めて処理し、人間のアナリストが見落としてしまいがちなつながりやパターン、トレンドを見つけ出す。「データ統合」によって組織がいい決断を下せるようにするのがこの会社の目標だ。実際、同社の顧客の多くが、パランティアの技術によって組織が変貌を遂げたと語る。だが、カープには、もっと壮大なビジョンもある。

「この会社を作ったのは西側諸国を支えるためでもあるんです」

だからパランティアは、米国とその同盟国に敵対するとされる国々、つまりロシアや中国ではビジネスをしない。創業初期の頃、同社の従業員がトールキンの『指輪物語』に思いをはせ、「シャイア(ホビット庄)を守れ」を自社のミッションとして掲げていたときもあったという。

CIAも顧客

パランティアが創設されたのは2003年。カープの友人であり、スタンフォード大学ロースクールの同期だったピーター・ティールの思いつきから生まれた。創業資金の一部は、米諜報機関「CIA」のベンチャーキャピタル部門「インキューテル」が出資し、CIAは現在も顧客だ。ウサマ・ビンラディンの所在地を突き止めたのがパランティアの技術だったという噂が広く知られるが、その噂の真相はこれまで一度も明らかにされていない。それがこの会社に謎めいた雰囲気を持たせてきた。昨今、パランティアを使ってテロ対策をしている西側諸国は複数ある。フランスでは2015年11月のパリのテロ事件の後、諜報機関が利用するようになった。カープの話によると、パランティアはこれまでに数件のテロ攻撃を阻止するのに貢献したという。そのなかには政治に大激震を起こしかねない事件も一、二あったらしい。

カープがパリにいたのは顧客のためのカンファレンスを催していたからだ。カープはパリ滞在中に私にこう言った。

「西洋文明を自分たちの小さな双肩で支えた気分になったことがこの15年の間でも数度ありました」

パリでカープに会った数ヵ月後、世界は新型コロナウイルス感染症に見舞われることになった。パランティアも感染症対策にいち早く参戦した。同社によれば、2020年4月の時点で、世界の十数ヵ国がウイルスの追跡と封じ込めのためにパランティアの技術を利用していたという。パンデミック対策に迅速に取り組めたのは、同社のソフトウェアが、あらゆるタスクに融通が利くという触れ込みどおりだったからともいえる。米国の陸軍はパランティアの技術をおもに兵站《へいたん》に用いているが、投資銀行のクレディ・スイスはマネーロンダリング対策、ドイツの製薬大手メルクは新薬開発のスピードアップ、スクーデリア・フェラーリはF1カーのスピードを上げるために利用している。パランティアの従業員はパランティリアンとも呼ばれる。パランティリアンたちに言わせると、自分たちのソフトウェアに無数の用途があるのは、世の中の問題の多くがデータ統合の問題だからなのだという。

ただし、パランティアに対する世間の不信感は強い。それは同社が新型コロナ対策に乗り出すと、いっそう強まった。欧州諸国でこの会社が不審がられる理由の一端はCIAとのつながりがあるところだが、もともと不審がられる性質の業務をしている会社なのだというところもある。パランティアは顧客のデータを保存したり、販売したりすることはないと公言しており、プライバシー保護機能も堅牢だと強調する。だが、個人情報を神聖不可侵だと考える人たちの間では、パランティアはビッグデータ革命における代表的な悪役なのだ。そのこと自体はカープも否定しない。

「すべてのテクノロジーは危険ですから、私たちのテクノロジーも例外ではありません」

膨大な数の人の医療データがパランティアのソフトウェアに入っていくわけだから不安感が高まるのも当然だった。

トランプ政権から恩恵を受けた会社

それがとりわけ顕著だったのが米国だった。米国では保健福祉省がパランティアのソフトウェアを使ってウイルス関連のデータを分析してきた。このことに批判が集まったのは、パランティアが米移民・関税執行局（ＩＣＥ）とも仕事をしていることが関係していた。革新陣営の活動家や連邦議会議員に言わせれば、トランプ政権が保健福祉省のデータを利用して移民の取り締まりを強化するおそれがあるというわけだ。また、パランティアが競争入札ではなく随意契約で約２５００万ドルのこの契約を結べたのは、前出のティールがトランプ大統領の支持者だったからなのではないかと疑う声もあった。ティールは２０１６年の大統領選でトランプ支持を表明した著名人の一人であり、共和党全国大会で応援演説をしたほどだった。

米国のリベラル派の間では、パランティアはトランプ大統領との結びつきがある胡散臭い会社だという見方が根付いており、そのことがカープを苛立たせている。なぜならカープ自身は、ティールとは対照的に、「革新陣営の闘士」を自負してきた人物だからだ。カープは2016年の大統領選ではヒラリー・クリントンに投票し、トランプに対する批判も口にしてきた。カープの最大の不安は、ファシズムの台頭である。そのような政治信念を持つCEOはシリコンバレーでは珍しくないが、カープがIT企業の経営者として異色なのは、コンピュータ・サイエンスの学位も経営学の学位も持っていないところだ。彼が持つのはスタンフォード大学で取得した法学の学位、それからフランクフルト大学で取得した社会理論の博士号だ。フランクフルト大学では指導教官がユルゲン・ハーバーマスだった時期もある。ハーバーマスといえば、存命の社会哲学者としては欧州で最も高名だといっても過言ではない。だからカープはビジネスの世界では異色の存在なのだ。それは冒頭に書いた秋の日の午後のリュクサンブール公園でのふるまいでも容易に見てとれた。

少し前までは、そんなカープの知性や政治信念が一種の盾となりパランティアに対する批判を跳ね返せるところがあった。カープが出てくると、批判していた人たちも少し戸惑ってしまっていたからだ。だが、いまやパランティアといえば、トランプ政権から多大な恩恵を受けた会社だというイメージがすっかり定着しつつある。革新派の多くはこの会社を有害だとみなすようになっているのだ。

パランティアに対する最大の批判は、米移民・関税執行局と仕事をしたことだった。それに対し、カープは米国のIT業界に見られる愛国心の欠如を非難している。パランティアは2020年8月に本社をカリフォルニア州パロアルトからコロラド州デンバーへ移転した。カープもティールもシリコンバレーに愛想を尽かしたところは共通しており、この本社移転の判断には、二人の心持ちが影響した可能性もある。パランティアはまだ黒字になったことのない会社だが、2020年9月、上場を果たした。バイデン政権が発足すれば、連邦政府との仕事が減るのではないかという懸念が上場の背景にあったのではないかとも言われている。パランティアのソフトウェアを使えば、「世界の難題」も解ける、というのが同社の謳い文句だ。だが、トランプ政権との関係という汚点を取り除くのは、もしかしたら難題中の難題なのかもしれない。

「水道管の修理工事」

2010年のあるテクノロジー関連のカンファレンスでのことだ。当時、グーグルのCEOだったエリック・シュミットがこんな発言をして人を驚かせたことがあった。

「文明の誕生から2003年までの間に世界全体では5エクサバイトの情報が作りだされ

ました。いま同じ量の情報が2日ごとに作られています」

1エクサバイトとは10億ギガバイトである。シュミットの発言には、多少の誇張はあったが、伝えたかった事柄に間違いはなかった。いま人類は、大量のデータに囲まれながら生きているのだ。これらの大量のデータを活用できれば強力な知見を得られるはずだというのがビッグデータの基本的な考え方である。だが、大量のデータを利用するのは簡単ではない。そこでパランティアの出番となる。パランティアは有名企業を顧客に持つことが多いからなのか、オフィスは高級街に構えることが多い（パリ支社はマレ地区、ロンドン支社はソーホー地区、ワシントン支社はジョージタウン地区）。だが、IT業界では、パランティアが手がけるデータ統合は、必ずしも洗練された高級な仕事とみなされているわけではない。

パランティアのロンドン支社の代表ルイス・モズリーは微笑を浮かべてこう言った。

「要は、私たちがやっているのは水道管の修理工事ですから」

これは謙遜である。パランティアの仕事は、トイレの詰まりの修理より多少は複雑だ。簡単に言えば、同社のソフトウェアがするのは、組織が集めたデータを一つにまとめあげることだ。統合するデータは5～6種のときもあれば、数百種に及ぶこともある。何がたいへんかというと、電話番号、取引履歴、帳簿書類、写真、テキストメッセージといった、さまざまなタイプの情報が、それぞれ異なる形式で、別々のデータベースで保存されていることだ。パランティアのエンジニアは、それぞれのデータベースを結び合わせるバーチャルな水道管を組み立て、これらの情報を一つのプラットフォームにまとめあげるのだ。仕事は早い。米保健福祉省のＣＩＯ（最高情報責任者）を２０２０年８月まで務めたホセ・アリエッタによると、パランティアは新型コロナの流行に関連する約20億のデータ要素を３週間足らずで統合できたという。データが統合できれば、その情報は表、グラフ、タイムライン、ヒートマップ、ＡＩモデル、ヒストグラム、レーダーチャート、空間分析ツールなどですぐに表示できる。言ってみれば、デジタル版「パノプティコン（一望監視施設）」である。何度かパランティアのデモに同席してみたが、そのインターフェースが優れていることは確実だった。検索された情報の表示が非常に洗練されていて頭に入りやすい。

　この魅力的なビジュアルは、テロリストの居場所を見つけて討ち取るために作られたものだった。ピーター・ティールは１９９８年にオンライン決済サービス「ペイパル」を共同で創設。２０００年から２００２年に、ペイパルをイーベイに売却するまでの間、同社のＣＥＯを務めた。そのティールが２００１年９月11日の米国同時多発テロ事件からしばらく月日が経った頃（ティールは正確な時期を思い出せなかった）、ペイパルの詐欺対策アルゴリズムを使えば、米国政府の対テロ戦争に役立つかもしれないと思いついたのだ。２００３年、ティールはソフトウェア・エンジニアの３人組（そのうちの２人はペイパル出身者）にプロトタイプを作ってもらった。ティールの直感と、この3人組のプログラミング能力から生まれたのがパランティアだった。創業資金の大半はティールが出したが、CIA用のテクノロジーの開発に資金を出すCIA傘下のベンチャーキャピタルのインキューテルからも約200万ドルの出資があった。

カープによると、インキューテルからの出資がありがたかったのは、CIAの分析官という当初想定していた顧客とつながれたことだった。パランティアのアキ・ジェイン（ティールが最初に雇った3人組の一人）とスティーヴン・コーエン（ティールのヘッジファンド「クラリウム・キャピタル・マネジメント」で働いた経験があったエンジニア）が2週間おきにアップグレードしたソフトウェアを持参し、カリフォルニア州パロアルトから、CIAの本部があるバージニア州ラングレーに赴いたという（コーエンによれば、彼らはCIAで「2週間」というあだ名がついたそうだ）。CIAの分析官がソフトウェアを試しに使ってフィードバックを出す。するとコーエンとジェインがカリフォルニア州に飛んで戻り、修正を加えるのだ。ジェインとコーエンは2005～2009年の間にバージニア州への出張を約200回もした。このようなイテレーション（くりかえし）型の開発がパランティアの標準となった。いまも同社は「前方展開エンジニア」を顧客のもとに常駐させ、顧客のニーズに合わせてカスタマイズをしている。それゆえパランティアのことを、ソフトウェア開発業者兼コンサルティング会社と考える人もいる。

パランティアのソフトウェアなしではやっていけない

とてつもない力を持つ会社と言われることもあるパランティアだが、実際は、さほど大きな会社ではない。従業員は約2400人。いまはパランティアと同じくらい評判が悪くなったフェイスブックの従業員数は5万人を超えるから、それに比較すればかなり少ない（ティールはフェイスブックの最初の外部投資家であり、現在も同社の取締役会に名を連ねる）。パランティアは、あらゆる方面に触手を伸ばしているかのような印象もあるが、上場のために米国証券取引委員会（SEC）に提出された目論見書では、同社の顧客数がたったの125であることも記されていた。この数字に驚き、パランティアの今後の成長の見通しに疑念を抱いた人もいた。2020年10月半ばの時点で同社の株価は約10ドル。時価総額は約160億ドルだ。

パランティアの利用料は決して安くない。同社の顧客は毎年、1000万ドルから1億ドルを支払う。誰もが惚れこんでしまうソフトウェアというわけでもない。一度パランティアを使いはじめたけれども、その後、利用をやめた会社にはホーム・デポ、ハーシー、コカ・コーラ、アメリカン・エキスプレスがある。諜報の世界でも評価は分かれるようだ。米国のオンラインメディア「バズフィード」が3年前に入手した流出動画では、カープがパランティアの従業員に、同社と米国家安全保障局（ＮＳＡ）の関係が終わったことを伝えていた。私もＣＩＡの元分析官数名から話を聞いたが、何人かがパランティアを期待外れだったと語っていた。とはいえＣＩＡは巨大機関である。パランティアを絶賛するＣＩＡ職員もいる。

パランティアのソフトウェアなしではやっていけないと考える顧客もいる。航空宇宙産業の大手エアバスがそんな企業の一つだ。同社は２０１６年、新型の旅客機「Ａ３５０」の生産強化のため、パランティアを使いはじめた。最近までエアバスのデジタルトランスフォーメーション責任者を務めていたマルク・フォンテーヌに言わせると、組立ラインの航空機の数が１機から10機に増えると、「複雑性が指数関数的に増え、それに振り回されてしまう」ことが多いという。部品の欠損や不良部品、生産のミスやコミュニケーションの行き違いなどの問題が生じると、組立プロセスに遅れが出て、数百万ドルのコストが余計に出てしまうのだ。航空会社への引き渡しが遅れれば、違約金やら損害賠償やらの支払いも求められる。

２０１６年、パランティアのエンジニア5名が、フランスのトゥールーズにあるエアバスの工場に配属された。5人はパランティアの企業向けのソフトウェア「ファウンドリー」を使い、Ａ３５０の生産に必要な25のデータサイロを一つにまとめあげ、４００を超えるデータセットを統合した（パランティアのもう一つの主力ソフトウェアの「ゴッサム」は安全保障および国防関連のものである）。成果はすぐに出た。フォンテーヌによると、以前は生産のミスの修復に平均24日かかっていたが、パランティアによって、それが平均17日に減ったのだ。その結果、エアバスは数億ドルのコスト削減に成功した。

いまパランティアを使うエアバスの従業員は約１万５０００人。そのソフトウェアは、スカイワイズという、世界の約１３０社の航空会社のデータを収集・分析するプラットフォームを通して、エアバスのエコシステム全体に張り巡らされている。そこで得られた情報が、定時運行から航空機の整備まで、ありとあらゆることに活用されているのだ。エアバスは最初、ほかのデータ分析ツールを導入することも検討していたが、「その頃、パランティアに匹敵するものを見つけられませんでした。パランティアには独特な能力がありましたからね」とフォンテーヌは語る。２０１２～２０１９年までエアバスのＣＥＯを務めたトム・エンダースも、基本的に同じ意見だ。パランティアの導入は、「私のキャリアで最も優れた決定の一つだった」と語った。

セキュリティとプライバシー

アレックス・カープとピーター・ティールは、パランティアの創業初期に２つの大きな目標を掲げた。

第一の目標は、米国をテロから守るソフトウェアを作ること。もう一つの目標は、テクノロジーを使えば、治安と市民的自由のバランスをどうとるかという問題を解決できると示すことだった。カープはこれを「ヘーゲル的」な構想だと言う。政治信念ではぶつかり合うカープとティールの二人だが、対テロ戦争の影響で個人のプライバシーが侵害されることに不安を抱く点は一緒だった。

私はロサンゼルスにあるティールのオフィスに行き、話を聞いた。ティールはハリウッドヒルズを一望できる会議室で、ホワイトボードに黒のマーカーでグラフを書きながら、プライバシー侵害への懸念を説明しはじめた。まず横軸を書き、一端に「ディック・チェイニー」、もう一端に「アメリカ自由人権協会」と書いた。チェイニーとは「セキュリティは多いけれども、プライバシーがない状況」、「アメリカ自由人権協会」とは「プライバシーは多いけれども、セキュリティがない状況」を表すという。9・11米同時多発テロ事件の後、チェイニー的な見方が支配的になるのは不可避だった。ティールはそれから縦軸を書き、一端に「ローテク」、もう一端に「ハイテク」と書いた。「ローテク」とは、がさつで人のプライバシーに土足で踏み込んでくるようなテクノロジーのことだ。それに対し「ハイテク」とは、ローテクよりも効果的だけれども、そこまで人のプライバシーに土足で踏み込まないものだという。何もしなければ、このまま「ローテク」と「チェイニー」が重なる領域に世界は進んでいき、市民的自由が圧殺されてしまうのではないか。それがティールの不安だった。ティールとカープは、プライバシーを保ちながらも人命を救えるソフトウェアを作りたかったのだという。

ティールは言う。

「トレードオフが完全になくなるわけではないかもしれませんが、次元が全然違う話にはなるのです」

そのためパランティアのソフトウェアには2つの主要なセキュリティ機能がある。一つは、ユーザーがアクセスできるのは、見てもいいと許可されている情報だけに限られること。もう一つは、誰かが見る権限を持たない情報を見ようとしたらそれがわかるように追跡記録を作りだすことだ。だが、データは、クラウド・サービスや顧客のサーバーに保管され、そのデータを管理するのは顧客自身である。パランティアは、自社のプロダクトがどのように使われるのかを監視しない。また、プライバシー保護も完璧というわけではない。誰が何を見ていいのか。どれくらい用心すべきか。それを決めるのは顧客なのだ。悪用される可能性は決して低くない。とりわけ欧州ほどデジタル・プライバシーの法律が厳しくない米国では、そう言える。実際、2018年には、米国の経済誌「ブルームバーグ・ビジネスウィーク」の報道により、JPモルガン・チェースの従業員がパランティアのソフトウェアを使って不正に同僚に対してスパイ行為を働き、電子メールや位置情報を監視していたことが明らかになった。同銀行の上級幹部数名が知らないうちに監視されていたという。

警察との協力への懸念

創業から歳月を重ねるにつれて、パランティアがほんとうに信頼できる会社なのかという疑念が噴出する騒動も何回か起きた。2011年にはハッカー集団「アノニマス」が第三者から入手したメールを公開した。そのメールには、パランティアの従業員たちが、内部告発サイト「ウィキリークス」の信用を落とすために誤情報を流す計画案に関わっていたことが示されていた。ウィキリークスの支持者だったジャーナリストのグレン・グリーンウォルドなどを中傷する計画も明らかにされた。この一件でパランティアの従業員は一人も解雇されなかったが、カープ自らグリーンウォルドに謝罪をした（カープにこの一件について尋ねると、「あれは成長痛だった」とだけ返答した）。

選挙コンサルティング会社ケンブリッジ・アナリティカの騒動にもパランティアは関与していた。内部告発をしたケンブリッジ・アナリティカの元従業員クリストファー・ワイリーによると、フェイスブック上のデータを集めるのを手伝ったのがパランティアであり、集められた情報はトランプの選挙活動のために使われたというのだ。パランティアには、選挙に関わる仕事は一切引き受けないという方針がある。この件に関しては、ロンドン支社の従業員1名だけが関与したことであり、その従業員はすでに解雇されたという発表が出ている。

パランティアに不安を覚える人は、とりわけ同社が警察と協力することへの懸念が強いようだ。ビッグデータの活用法の一つとして大きく注目されているのが「予測型警察活動」だ。これは定量分析によって、犯罪が起きやすい場所、犯罪を起こしやすい個人、犯罪の被害に遭いやすい個人を特定していく手法である。だが、データにもとづく警察活動は、必要以上に攻撃的になりやすい。加えて米国の刑事司法制度に根強く残る人種的偏見を強化するおそれがあるとも批判されている。パランティアは米国の警察に同社のソフトウェアを売り込んでいるが、見方を変えれば、これはもともと対テロ戦争用だった兵器が、米国の市街で使われていることだとも言える。

「このツールは政府の監視能力を高めるためのものでしたが、そのツールが米国で暮らす市民に向けられて使われているのです」

こう語るのは、警察活動とテクノロジーの関係を専門に研究するアメリカン大学の法学者アンドリュー・ガスリー・ファーガソン教授だ。

ただし、パランティアの警察相手のビジネスがトントン拍子で進んでいるわけでもない。ニューヨーク市警は数年前にパランティアを使うのを止めた。ニューオーリンズ市警も同じだ。ニューオーリンズ市警の場合、利用停止の少し前にデータの利用法が問題視される出来事があった。いま米国の主要都市の警察でパランティアを利用しているのはロサンゼルス市警だけだ。

陸軍を相手に訴訟

パランティアが自分たちの技術を米軍に売り込むようになったのは2000年代後半だった。米国の陸軍の部隊には、すでに別の戦場情報のプラットフォームが導入されていたが、それは戦場で部隊を守る役目をあまり果たしていなかった。ただ、陸軍はこの既存のシステムに数十億ドルを投じてしまっていたので、パランティアの導入に積極的ではなかった。そこでパランティアはイラクやアフガニスタンに駐留する大隊に直接、ソフトウェアを提供しはじめた。2011年末の時点で、米軍の約30隊がパランティアを使っていたという。パランティアのおかげで伏兵の攻撃や道路脇の爆弾を避けられたと絶賛する部隊も出てきた。米国のビジネス誌「フォーチュン」によると、米軍の上級幹部の一部にパランティアのファンがいて、ジェームズ・マティス大将、H・R・マクマスター中将、マイケル・フリン中将もそこに含まれていたという。

2012年、米国の陸軍はパランティアのソフトウェアに関する評価報告書の作成を委託した。後にパランティアが訴訟時に提出したこの報告書の草稿には、軍に勤める人の96%がパランティアを効果的だとみなしていたという。だが、陸軍はパランティアを採用することなく、報告書も無視した。陸軍が部隊に提供している既存の情報システムが役立たずだということをついに認めたのがその2年後だった。代替システムの開発の入札が募られたが、陸軍はパランティアが入札に参加するのを認めなかった。陸軍が検討対象とするのは、ゼロから作りだす新規システムの構築案であり、既製品であるパランティアのソフトウェアは対象にならないという理屈だった。2016年6月、パランティアは陸軍を相手取って訴訟を起こし、3ヵ月後、連邦裁判所はパランティアの言い分を認める判決を下した。判事は陸軍が「恣意的かつ気まぐれ」にふるまったと指摘し、パランティアを競争入札に加えるように命じた。

陸軍とのこの長い闘いはパランティア社内ではすでに伝説だ。この伝説を聞けば、この会社の従業員が、自分たちをどのように認識しているかがわかる。自分たちは気骨のあるアウトサイダーであると自負し、性能のいいソフトウェアが性能の悪いソフトウェアに勝るべきだという信念を持っているのだ。

トランプ政権とのパイプ

だが、真実はそこまで単純ではない。一つ指摘できるのはパランティアが弁護士やロビイストを雇い、自分たちの主張を広め、ジョン・マケイン上院議員をはじめとした有力な協力者を得たことだ。米国のシンクタンク「ランド研究所」で政策を研究している元海兵隊員のジョナサン・ウォンによると、パランティアに対する陸軍のふるまいは必ずしも悪意にもとづいたものではなかったという。当時、陸軍が求めていたのは、パランティアが提供するものより、もっと包括的な戦場情報システムだったからだ。ウォンの表現を借りると、陸軍は「今日の敵だけでなく、明日の敵にも応用できるもの」を求めていたのだ。もっともウォンがパランティアと米国防総省の所期の関係について書いた論文では、パランティアのソフトウェアが内乱の鎮圧やテロ対策に有効であり、当時、その種の課題に直面していた米軍にとって有用だったとは書かれている。

なお、前述の連邦裁判所の判決が下ったのは、トランプが大統領に選出される8日前のことだった。これを単なる偶然と見るのか、それともトランプ政権誕生の予兆だったと見るのか。それは見方次第だろう。いずれにせよトランプが大統領選で勝利したことで、パランティアは突如として、米国の連邦政府内に豊かな人脈を持つ企業となった。ティールはトランプ支持を表明していた有名人の一人であり、前出の陸軍のマティスやマクマスターやフリンも全員、トランプ政権で要職を占めることになったからだ。トランプ政権の誕生は、思いがけない大当たりだったのだ。

トランプ政権発足後、パランティアは数十億ドル相当の米軍との契約を勝ちとった。そこには既存の戦場情報システムの代わりとなる新システムを構築する8億ドルの契約も含まれていた。軍とは関係のない政府機関、たとえば内国歳入庁（ＩＲＳ）、米国証券取引委員会（ＳＥＣ）、米国疾病対策センター（ＣＤＣ）とも契約も結んだ。いつのまにかパランティアの事業の半分ほどが米国政府相手のものになっていた。

トランプ政権時代にパランティアが米軍関連の契約を不正に勝ちとったという疑惑はない。だが、トランプ政権には倫理面での懸念があり、米軍の調達プロセスがそれを免れたという確証はなかった。２０１９年にはアマゾンが訴訟を起こし、同社が１００億ドルの国防関連の契約を得られなかったのは、国防総省にトランプ大統領の圧力がかかっていたからだったと主張した。実際、トランプ大統領は、アマゾンの創業者兼ＣＥＯ（当時）のジェフ・ベゾスに対して批判をくりかえし、公の場でアマゾンが前述の契約を得てほしくないと述べるほどだったのだ。

一方、カープの見方は異なる。ティールがトランプ支持者だったので、パランティアがトランプ政権から恩恵を受けたとするのは、「的外れもはなはだしい」見方であり、「私たちの会社に対して不公平」だというのがカープの見方なのだ。たしかにティールはトランプからの覚えがめでたかったかもしれないが、それはカープのトランプ批判の言動で相殺されていたはずだというわけだ。

カープは言う。

「ホワイトハウスは私の見解を知っていたはずです。たしかにピーター（・ティール）はこの会社の会長です。しかし、会社を実際に経営しているのは私なのです。その私はトランプ政権との密接な関係は少しもありません」

カープが不安に感じていたのは、世間がパランティアとトランプにはつながりがあると勘違いし、そこから一種の連想でパランティアもトランプと同罪だとみなすリスクがあることだった。だが、カープは、パランティアの評判を大きく損なうことになった移民・関税執行局（ICE）との仕事を打ち切ることは絶対になかった。

不法移民摘発とビッグデータ

パランティアが顧客を獲得するのは危機のときに多い。フランスの諜報機関と仕事をするようになったのはパリでのテロ事件がきっかけだった。移民・関税執行局との関係も同じだった。同局は職員の一人がメキシコの麻薬カルテルに殺害されたのがきっかけでパランティアに助けを求めたのだ。パランティアのエンジニアたちは11時間で関連するデータをすべて統合し、2週間後にはその職員を殺害した集団が特定され、逮捕されることになった。パランティアが移民・関税執行局との契約を結ぶことになったのは、それからしばらくしてのことだった。契約の内容は、移民・関税執行局傘下の国土安全保障捜査部という麻薬密輸、人身売買、金融犯罪、サイバー犯罪を担当する組織でデータ管理を補助するというものだった。トランプ政権が発足する前、パランティアと移民・関税執行局の関係が注目されることもなかった。だが、トランプが公約通り、不法移民を減らしにかかると、パランティアと移民・関税執行局の関係が大きく物議をかもすことになったのだ。

最初、パランティアは批判をかわすために、契約を結んだ相手は国土安全保障捜査部であり、トランプの政策を推進している退去強制執行部ではないと言っていた。同社は2018年、米紙「ニューヨーク・タイムズ」の取材に対し、「私どもは退去強制執行部とは仕事をしていません」という声明文を出していた。これは細かい話としては間違いではなかった。だが、それはまるでパランティアが不法移民の取り締まりに関わっていないかのような間違った印象を与えようとするものだった。国土安全保障捜査部はそれまでの数年間、退去強制執行部が滞在許可証を持たない子供の家族が国境を越えようとしているところを捕まえ、移送する任務を支援してきた組織なのだ。２０１９年には国土安全保障捜査部が米ミシシッピ州の食品処理工場で捜索を実施し、約７００人を拘束したこともあった。２０２０年１月、カープはダボス会議で米国の経済ニュース専門放送局「ＣＮＢＣ」の取材を受け、これまで責任を否定していた言動がもはや信憑性を失っていることを認める次のような発言をした。

「滞在許可を持たずに私たちの国で暮らす人を摘発するのは、私たちがしている仕事全体のごく小さな一部分に過ぎません」

しかし、権利擁護団体「ミヘンテ」のハシンタ・ゴンサレスは、カープのこの発言ですら「何から何まで虚偽」だと言う。ゴンサレスによれば、移民・関税執行局はパランティアのソフトウェアを「任務遂行に欠かせない」と評価していることからも、移民・関税執行局にとってパランティアが重要であるのは明らかなのだという。ゴンサレスは、近年、移民・関税執行局による不法移民の摘発が前よりも的の絞られたものになっていることを指摘する。まるで誰を探していて、その人がどこにいるのかを事前に知っているかのような摘発がおこなわれており、そこが昔とは異なるのだという。そんなことができるとしたら、移民・関税執行局が大量の個人情報にアクセスできるようになったほか、以前よりも精緻な摘発を実行するためのデータ分析能力も手に入れたからだと考えるしかない。ミヘンテは調査会社の協力を得て、政府の文書を調べ、パランティアのソフトウェアが移民・関税執行局の不法移民摘発を強化していると結論づけた。

ゴンサレスは言う。

「パランティアは特注で何かを作り、移民・関税執行局はそれを使って、思い通りの摘発ができるようになっています。移民の強制退去の執行とは無縁だったというパランティアの言い草には笑ってしまいます」

２０１９年、ミヘンテなどの団体が、パランティアのニューヨーク支社とパロアルト支社、それからパロアルトにあるカープの自宅前で抗議活動をした（ミヘンテは、２０２０年９月末のパランティア上場に向けての準備期間中にも抗議活動を実施した）。米国各地の大学でも学生団体がパランティアに抗議の声をあげるようになった。パランティアは長年、カリフォルニア大学バークレー校で、プライバシー関連法のカンファレンスのスポンサーを務めてきた。だが、カンファレンスの参加者が主催者にパランティアとの関係を打ち切りなさいと圧力をかけ、パランティアはスポンサーから外されることになったのだ。パランティア社内でも抗議の声があがった。２００名を超す従業員が連名でカープに書簡を送り、移民・関税執行局との仕事に対する懸念を伝えたのだ。ティールの政治活動は、火に油を注ぐ結果を招いた。私がパリでカープと過ごしていたある日、ティールが反移民の強硬派として知られる元カンザス州務長官クリス・コバックの資金集めのイベントを共同で主催したことが報じられたのだ。

上場の決断

パランティアが上場を申請する書類を提出したのは2020年6月であり、同年9月30日に上場を果たした。新規株式公開（IPO）ではなく、新株発行を伴わない直接上場だった。米国証券取引委員会（SEC）に提出された目論見書にはパランティアの本社がカリフォルニア州パロアルトからコロラド州デンバーに移転されたことも書かれていた。これはシリコンバレーからの決裂を鮮明にするものだった。カープは提出書類の冒頭にある自社紹介をする文章で自分の主張を展開していた。そこでは「シリコンバレーのエンジニアのエリートたち」が激しく非難され、パランティアはシリコンバレーのIT業界の価値観に同調することなく、今後も米軍との仕事を続け、西側諸国を守っていくことに力を注ぐと記されていた。

カープは次のように書いている。

「私たちはどちらの陣営につくのかを決めたのです」

まるでシリコンバレーが対立陣営を選んだかのような語調だった。

上場の決断は、百八十度の方向転換だった。パランティアはそれまで長い間、シリコンバレーの次のユニコーンと喧伝されつづけていたが、なかなか上場に踏み切ろうとしていなかったからだ。私がパリでカープに会った頃も、カープは従業員に対し、同社は今後もしばらく非公開会社のままだと語っていた。そのときの話では、パランティアが資金調達で困ったことは一度もなく、むしろ上場することで社風に影響が出るのが心配だとのことだった。ティールに話を聞いたときも、いまが上場のタイミングではないという口調だった。

「パランティアがユビキタスなプラットフォームになったとは全然言えないと感じています」

逆にいえば、ユビキタスになったときが上場のときだというのがティールの見方だった。パランティア上場の数日後、私はビデオ会議システムを使ってスイスにいるカープと話をした。カープはパンデミックが始まって最初の数ヵ月をニューハンプシャー州の自宅で過ごした。その自宅は、バーモント州の自宅からもさほど遠くないところにあるという。その後、2020年7月にヨーロッパに行ったそうだ。カープは上機嫌だった。正式に資産が10億ドルを超えるビリオネアになったのだから当然だろう（カープはパランティアの株式の6％以上を保有する）。内向的な性格だからロックダウンはさほど苦にならなかったが、両親や仕事仲間と会えず寂しかったという（カープの両親は二人ともフィラデルフィア近郊に在住する）。

パランティアの上場決定は、トランプが大統領選で負けると見越してのことだったという臆測も一部にはある。連邦政府相手の事業がうまくいっている間に現金化しておく方策だったというわけだ。だが、カープに言わせれば、大統領選と上場の間に関係はまったくない。連邦政府との契約は、政治とはほぼ無関係であり、たとえ大統領が代わっても、それがパランティアの事業に影響を及ぼすとは考えにくいのだという。それにカープはバイデン支持者であり、バイデン陣営に献金をしていた。上場したのは、あくまで事業が成熟し、上場に意味を見出せるようになったからだったという。パンデミックにもかかわらず、同社の収益は２０２０年の上半期の間に49％上昇したが、それよりも重要だったのが、ファウンドリーのソフトウェアをいじり、リモートでのインストールやアップデートが可能になったことだった。これが新規契約を勝ちとるうえで強みになるのだ。

カープは言う。

「技術の面でも、資金の面でも、突然、上場できる状況になったのです」

そう言われても投資家たちは半信半疑だった。目論見書を見れば、赤字の規模はいまも数億ドルである。２０１９年の赤字は5億８０００万ドルで、その前年も同規模の赤字だった。しかも収入の約30％が、上位3顧客から入ってくるものだった（もう一つの懸念材料となったのがガバナンスの仕組みであり、これはカープとティールとスティーヴン・コーエンの3人が、有価証券の保有に関する最低条件さえ満たしていれば議決権の50％弱を握れるようになっていた）。長年、パランティアは巨大企業として語られてきた。だが、その財務を見ると、見えてくるものは別のものだ。パランティアのことを、なんとかぎりぎり存続できている会社だと評する人も一部にいた。

ソフトウェアと難局が重なり合うところ

同社が上場する前日、経済ニュース専門放送局「ＣＮＢＣ」の取材を受けたニューヨーク大学スターン経営大学院教授スコット・ギャロウェイの評価は辛辣だった。「パランティアは、ユニコーンがいる動物園にやってきた客に投げつけられたクソです」ギャロウェイに言わせれば、パランティアは、（その本社がすでにデンバーに移転されたとはいえ）数多くある胡散臭いシリコンバレーの企業がまた一つ増えただけだということだ。一方、カープに言わせれば、パランティアは自由民主主義陣営を守る防壁にほかならない。もっと踏み込んで言うなら、それは彼と、彼が最も恐れていること、すなわち世界がファシズムに屈することとの間に立つものなのである。アメリカ自由人権協会の「言論・プライバシー・テクノロジー」プロジェクトのベン・ウィズナー代表に言わせれば、パランティアのビジネスモデルは、「同社の顧客が私たちの生活の細かな情報のすべてにアクセスしてもいい」ことを前提にしており、同社のソフトウェアは政府が私たちをいままで以上に精緻に監視できる仕組みなのだという。エアバスに言わせれば、パランティアは、仕事を効率的に進め、利益をもたらすツールである。ミヘンテに言わせれば、パランティアは、人権侵害の加担者だ。2020年10月にノーベル平和賞を受賞した国連世界食糧計画に言わせれば、パランティアのテクノロジーは、パンデミックの真っ只中に食料や物資を必要とする人に分配するうえで鍵となる役割を果たしたという。

パランティアがしていることは複雑であり、謎の部分も多い。社名の由来となった魔法の石と同じで、人はこの会社に、自分が見たいものを見出すかのようである。

私にはカープの次の言葉がいちばんしっくりきた。

「ソフトウェアと難局が重なり合うところにパランティアの居場所はあるのです」

TSMC
台湾の半導体企業が独り勝ちできる理由

「世界の受託生産半導体チップ市場の半分以上を支配」

創業者モリス・チャン
Photo : Walid Berrazeg/SOPA Images/LightRocket via Getty Images

« TSMC : how a Taiwanese chipmaker became a linchpin of the global economy » Financial Times 21/3/24, Text by Kathrin Hille
「世界経済の『新たな要』となった台湾の半導体大手TSMCが独り勝ちできる理由」COURRIER JAPON 21/5/10

ＴＳＭＣ　１９８７年に張忠謀（モリス・チャン）が台湾・新竹市に設立した半導体メーカー。世界最大の半導体受託製造企業。２０２０年の売上高は、５Ｇスマホ、ノートパソコンの需要拡大の影響などで、前年比25％増の１兆３３９２億台湾ドル（約5兆円）。アップルとの取引に加え、２０２０年に生産を急増させた５nm（ナノメートル）のチップは大きな注目を集めている。

供給不足と熾烈な開発競争が続く半導体業界で独り勝ちしている企業がある――ＴＳＭＣ（台湾積体電路製造）だ。英紙「フィナンシャル・タイムズ」は、台湾にある同企業を徹底分析した長編記事を掲載した。

「魔法の半導体」で不動産価格も高騰

リー・ターセンは少年時代、見上げるようなサトウキビ畑を歩いて学校に通っていた。それから約40年。大人になった彼は不動産ブームに沸く故郷の善化で、その畑を売って生活している。

●250億〜280億ドル

TSMCが2021年に計画している設備投資額。2020年の実績より45〜62%多く、インテルとサムスンの両方をしのぐ。あるアナリストは、2023年にはインテルのCPU製造の20%がTSMCに委託されると見る

●3nm

台湾（善化）にある工場で組み立てられるチップのノード。トランジスタのサイズは人間の髪の毛のわずか2万分の1だ。現在の最先端チップは5㎚

●90%

現在の最先端ノード市場におけるTSMCのシェア。主流の28〜65㎚カテゴリーにおけるシェアは40〜65%（売上高ベース）

数字で見るTSMC

善化は台湾南部の町だ。さびれた田舎町だったが、世界最先端の半導体工場の建設が決まって以来、建設ラッシュが続く。

この町に、3㎚（ナノメートル）プロセスの半導体チップ製造工場を建設しているのは、半導体受託生産の世界最大手、TSMC（台湾積体電路製造）だ。現在の最先端チップよりも動作速度が最大70%速く、消費電力も少ないとされる3㎚チップは、スマートフォンからスーパーコンピュータまで、あらゆる用途への利用が期待されている。

「2020年は工場に隣接する農地の価格が3倍にはね上がった。当社は創立10年だが、昨年の取引高は過去最高だった」とリーは言う。不動産会社センチュリー21の現

地支店を率いるリーは、新築のアパートやタウンハウスが次々とTSMCのエンジニアに売れていく様を目の当たりにしてきた。

しかしTSMCの新しい半導体製造工場、いわゆる「ファブ」は、台湾南部にとどまらず、世界全体に影響を及ぼす。半導体の世界では、ファブこそが宇宙の中心だ。

この新工場は、今のところTSMCと韓国のサムスン電子だけが使いこなせる3nmプロセス技術を使って、2022年から量産を開始する。現在の最先端プロセスは5nmだ。チップに集積されるトランジスタが小さければ小さいほど消費電力は少なく、処理速度は速くなるため、新しい3nmチップは顧客に大きな優位性をもたらす。

米中の技術競争にも巻き込まれる

新工場の敷地面積は16万平方メートル、サッカー場22個分に相当する。そしてこの工場を運営するTSMCもまた、世界の半導体製造市場を支配する巨大企業だ。

これまでは知名度も低く、話題に上ることは少なかったが、最先端技術への巨額の投資と市場での影響力の増大が、この台湾企業を世界の表舞台へ引きずり出そうとしている。

世界規模で起きている半導体の不足は、日本や欧米諸国の自動車生産にブレーキをかけ、一部の企業を生産停止に追いやった。多くの国では、政治家が半導体製造の国内回帰を声高に主張しはじめている。こうした状況の中で、にわかに関心を集めているのが世界の半導体製造市場を制する台湾のＴＳＭＣだ。

中国が長年、台湾侵攻をちらつかせていることからもわかるとおり、台湾は東アジア地域における米中の軍事対立の中心にあった。最近はこの２つの大国の技術競争にも巻き込まれている。

中国企業はＴＳＭＣと同等の製造能力を手に入れたがっているが、今のところ成功していない。米国企業も苦戦している。インテルは、同社のドル箱であるプロセッサの製造の一部を台湾企業であるＴＳＭＣに委託する予定だ。米国の国防総省は、兵器製造を外国企業に依存するリスクを回避するため、最先端チップの国産強化に投資するよう米国政府に静かに圧力をかけている。

こうしてＴＳＭＣは世間的な知名度の低さにもかかわらず、おそらくは世界で最も重要な企業となった。

半導体製造工場の勝利

ＴＳＭＣの成功をうらやむ政府は多いだろうが、同社と同等の製造能力を実現するためには桁外れの投資が必要になる。また、ＴＳＭＣと取引関係にある企業は、この台湾企業が伝統的なサプライヤーとは違うことに気づきはじめている。

「自動車メーカーは自分たちを世界の巨人だと考えているかもしれない」と、サプライチェーン・コンサルティング会社セラフの創業者で最高経営責任者（CEO）のアンブローズ・コンロイは言う。

「しかし現状では、巨人は半導体メーカーであり、自動車メーカーの調達部門はアリにすぎない」

TSMCは長年、人目につかない存在だった。同社の製造する半導体はアップルやAMD、クアルコムといった大手ブランドの製品に組み込まれて販売されてきたからだ。しかし実際には、同社は世界の受託生産半導体チップ市場の半分以上を支配している。

しかも、プロセス技術ノードが更新されるたびにTSMCの市場支配は強まっていく。売上高ベースで見ると、同社の市場シェアは車載半導体の主流である28〜65nmカテゴリーでは40〜65%にすぎないが、最先端ノードでは90%に迫る。

「特に最先端チップでは、TSMCの独り勝ちが続いている。これはきわめてリスクの高い状況だ」と、米コンサルティング会社ベイン・アンド・カンパニーのパートナー、ピーター・ハンブリーは言う。「20年前には20の半導体製造工場があったが、現在の最先端チップは台湾の特定の構内でしか製造されていない」。

プロセス技術ノードの開発は難易度が高く、製造設備の増強は多額の投資を必要とするため、他のチップメーカーは徐々に設計に比重を移し、製造部分はTSMCのような半導体製造専門の企業に委託するようになった。

最新の半導体製造装置の価格が高騰しはじめると、さらに多くのチップメーカーが製造を外部に委託するようになり、TSMCのライバルだった半導体専門工場の多くが競争から脱落していった。

ファブレス企業の拠り所として

TSMCは今年の設備投資額を250億~280億ドル（約3兆円）と見積もっている。この莫大な金額は2020年の実績より45~62%以上多く、インテルとサムスンの両方をしのぐ。アナリストによれば、この設備投資額の少なくとも一部はインテルからの注文に対応するためのものだという。

米国の半導体製造大手のインテルは、2つの後継プロセス技術ノード（10nmと7nm）の立ち上げに苦労しており、必要量のチップを製造するために一部を外部に委託せざるを得なくなっている。

第2世代の製造技術への対応に苦戦するインテルを見て、あるアクティビスト投資家は

2020年、他の多くのチップメーカーと同様に半導体製造から手を引き、「ファブレス」ビジネスモデルに転換するようインテルに要求した。

インテルのパット・ゲルシンガー新CEOはこのアイディアを退けた。同氏は3月23日、投資家とジャーナリスト向けのビデオメッセージの中で、「7nmの開発に対する自信を深めている」と語りつつ、TSMCやその他の半導体製造工場との関係を強化していること、一部のプロセッサの製造をTSMCに委託することを明らかにした。

新CEOはインテルを再び半導体製造の雄にすると誓ったが、少なくともそれまではTSMCの力を借りて、すべてのコンピュータとサーバーの核であるCPUの市場シェアをライバルのAMDから死守しなければならない。

TSMCとインテルの内情に詳しい人物の話によれば、インテルの社内にはTSMCと協働するチームがあり、TSMCの新工場にCPU製造を委託する準備を1年以上も前から進めているという。

資産運用会社・バーンスタインの半導体業界アナリストであるマーク・リーは、インテルは2023年にはCPU製造の20%をTSMCに委託すると見る。この注文をさばくためだけでも、TSMCは製造設備の増強に約100億ドル（約1兆1000億円）を投じなければならない。

このように半導体製造は桁外れの投資を必要とするため、半導体製造競争の最前線で戦いつづけることはますます困難となっている。インテルの例が示しているように、問題はコストだけではない。たとえばチップの集積度を高め、コスト効率とエネルギー効率を改善するためにはトランジスタの小型化が欠かせないが、その技術的難易度は非常に高い。

３㎚ノードにおけるトランジスタのサイズは、人間の髪の毛のわずか2万分の1だ。これを実現するための機械・化学薬品の細かい調整ができる企業は、関連する製造技術に精通し、スケールメリットを実現でき、幅広いアプリケーションを開発しているＴＳＭＣ以外には考えにくい。

各国が抱えるサプライチェーンへの懸念

半導体製造市場でＴＳＭＣが占めている支配的地位は、政治家からも注目を集めている。車載半導体の供給不足は世界に衝撃を与え、多くの国が第2のコロナ危機に備えるために、また中国等の地政学上の敵対国から重要な技術サプライチェーンを守るために、半導体のサプライチェーンを国内に取り戻す動きを強化している。

米国では、多くの政治家が半導体製造の国内回帰が必要な理由として半導体チップの不足問題を挙げる。ＴＳＭＣは昨年、ドナルド・トランプ政権からの政治的圧力により、米アリゾナ州に120億ドルの工場を建設することを約束した。

日本も警戒感を強めている。2月、TSMCは日本に新しい半導体材料の調査研究をおこなう子会社を設立すると発表した。半導体材料の供給において、日本は非常に高いシェアを持つ。「TSMCの拠点が台湾にしかないのは危険だ。拠点はもっと分散させる必要がある」と、日本の政府高官は言う。

「台湾で戦争が勃発するリスクに備えなければならない。これはきわめて現実的なリスクだ」

EU諸国でさえ、最先端チップの製造を欧州に取り戻すために2nmチップ工場への投資を進めている。2nmは、TSMCが台湾南部に建設中の3nm工場の先を行く、次世代のプロセス技術ノードだ。

製造拠点が台湾にあるメリットとは

こうした圧力の高まりは、TSMCのビジネスモデルを制約するおそれがある。TSMCが高い効率と利益率を実現できている大きな理由として、アナリストは製造拠点が台湾に集約されている点を挙げる。

「台湾にあるTSMCの主要拠点はすべて近接しているため、必要に応じてエンジニア同士が柔軟にサポートし合うことができる」と、TSMCの広報担当者ニーナ・カオは言う。同社に近いある人物によれば、半導体を米国で製造するコストは台湾で製造する場合と比べて、8～10％高くなる可能性があるという。

そのため、TSMCは製造体制のグローバル化に消極的だ。「米国では、コストの増分は補助すると米国政府が約束したので、工場の建設を決めた。日本では、主に将来の重要テクノロジーの研究開発に投資する」と、TSMCの上級幹部は言う。

「しかし欧州に関しては、説得力のある投資理由がまだない。(欧州の人々は)まず自分たちは何を求めているのか、それは欧州の半導体メーカーではできないことなのかを明確にする必要がある」

欧州の半導体関係者も同意する。インフィニオン、NXP、STマイクロエレクトロニクス等の欧州の半導体メーカーは、車載半導体や一部のニッチ市場で独占的なシェアを有するが、何年も前から半導体の製造ではなく設計に焦点を合わせている。

最新技術を保有しない欧州企業

欧州の最大手半導体企業の中には製造部門を維持しているところもあるが、最新技術への対応に数十億ドルを投じるのではなく、製造の大部分はTSMCのような専門工場に委託している。その結果、欧州の半導体製造能力はTSMCやサムスンのような業界リーダーと比べると、プロセス技術の面で数世代の遅れをとっている。

「現在の製造プロセスは22nmだ。22nmから2nmに移行するというのは、いわば台湾の超高層ビル『台北101』のてっぺんに飛び移ろうとするようなものだ。失敗すれば即死する」

欧州の半導体企業の上級幹部は言う。

「もっと言えば、欧州にはそもそも最先端を目指す説得力のある理由がない。欧州企業が得意とする半導体製品は、米国のチップ需要の主流となっている消費者製品向け量産チップではない。つまり最先端の製造技術を導入することで得られるコスト面のメリットは、欧州企業にとってはTSMCの米国の顧客ほど重要ではない」

TSMCは米アリゾナ州に120億ドル規模の工場を建設するが、その意味は考えられているほど大きくはないかもしれない。新工場の製造プロセスは5nmだ。現時点では最先端のテクノロジーだが、量産が始まる2024年には、TSMCが台湾南部で建設を進めている新工場の3nmプロセスが最先端となる。

〝投資競争〟を制したTSMC

しかも、米国に建設されるTSMCの新工場はあらゆる半導体製品を製造できるわけではない。ほとんどの車載半導体は、5nmよりも大きい28〜65nmノードで製造できる。この成熟した市場セグメントでは、ＴＳＭＣのシェアはそれほど高くない。

米国に工場を建設するというＴＳＭＣの約束は、結局のところ、防衛サプライチェーンを確保するために半導体製造の米国回帰を求めてきた米国防総省の長年の活動の成果にすぎない。

米国の国防当局にとって、半導体の製造拠点が外国に集中することは10年来の懸案事項だった。ミサイルの軌道を予測するスーパーコンピュータからミサイル自体に搭載される耐熱チップまで、半導体技術は兵器製造の要だ。戦闘用ドローンのような無人システムの登場により、国防における半導体の重要性は今後さらに高まっていく。

業界の専門家は、政府が主導する半導体の国産強化は持続可能とは言えないと警告する。「一度の投資で終わらないことが理解されていない」と、前述したベイン・アンド・カンパニーのハンブリーは言う。

「３㎚チップの内製化（米国内での製造）には１５０億ドルかかるが、２年後にはさらに１８０億ドル、その後もさらに２００億ドルかかる。気の遠くなるような数字だ。最先端を走りつづけるためには、こうした巨額の投資を継続する必要がある」

これはＴＳＭＣがここまでシェアを伸ばした理由でもある。同社の競合企業、たとえば米国のグローバルファウンドリーズや台湾のＵＭＣは、最先端市場での覇権争いから徐々に手を引いていった。必要な投資が大きすぎるからだ。

「インテルがうまくいくとは思えない」

TSMCが築いている独占的地位は、最近になってようやく話題に上るようになったものの、同社の顧客の間では以前から問題視されていた。

「ファブレス企業は数年前から、TSMCの一強状態は同社の価格決定力を高めると危惧していた」とハンブリーは言う。TSMCに対抗できる唯一の米国企業だったグローバルファウンドリーズが2018年に最先端チップの製造競争から脱落したことで、この懸念は急拡大している。

中国最大の半導体メーカー、中芯国際集成電路製造（SMIC）は今も競争に意欲的だ。しかし昨年、米国が最先端の半導体製造施設の建設に必要な機器の対中輸出を禁じる規制を導入したことにより、活動にブレーキがかかっている。

残るライバルはインテルだ。同社は3月23日、先進的な半導体製造技術の導入にすでに苦戦しているにもかかわらず、半導体製品の受託生産事業に乗り出し、200億ドルを投じてアリゾナ州に2つの新工場を建設する計画を発表した。

しかし一部の業界専門家は懐疑的だ。「うまくいくとは思えない。インテルは何年か前にも同様の試みをしたが、当時はまだ最高水準のプロセス技術を持っていたにもかかわらず、失敗した」と、証券会社ＣＬＳＡで技術リサーチを統括するセバスチャン・ホウは言う。

独走状態を維持するために

ＴＳＭＣにとっても利益を出すのは容易ではない。２０２１年に予定されている巨額の設備投資計画は、同社が現在のリードを維持する考えであることを示している。

ＴＳＭＣが予定している設備投資の「相当部分」は、半導体ツールベンダーの幹部が最先端チップの製造過程に不可欠と呼ぶ、極端紫外線（ＥＵＶ）リソグラフィ装置の調達に投じられる見込みだ。

ＥＵＶ市場を支配するオランダのＡＳＭＬは直近の決算発表会において、需要が旺盛で供給が追いつかないと語った。そのため、ＴＳＭＣは注文しているＥＵＶリソグラフィ装置の数だけ、潜在的なライバルに水をあけることができると業界関係者は見る。

「インテルが課題の解決に時間を要すれば要するほど、ＴＳＭＣとの差は開いていく」と断言するのは、ある半導体装置会社の幹部だ。

「当面、ＴＳＭＣの優位が揺らぐことはないだろう」

アリババ
「独身の日」を作ったダニエル・チャンCEOの拡大戦略

「アリババの旧事業を新事業で破壊したい」

（右）ジャック・マーPhoto : Liu Yang/VCG via Getty Images
（左）ダニエル・チャンPhoto : Jason Alden/Bloomberg via Getty Images

« Alibaba's New Chairman Says He Has to Reinvent Retail Before Someone Else Does » Bloomberg Businessweek 19/9/9, Text by Peter Elstrom/Lulu Yilun Chen
「ジャック・マー後継者『アリババの旧事業を新事業で破壊したい』」COURRIER JAPON 19/9/18

Alibaba（阿里巴巴）　1999年にジャック・マーが設立した中国最大のeコマース企業。本拠は中国・浙江省杭州。企業間電子商取引のサイトAlibaba.comからスタートし、その後、個人間電子商取引サイト「タオバオ（淘宝網）」、電子決済サービスAlipayなど事業を拡大。企業個人間電子商取引サイト「テンマオ（天猫）」を中心に毎年11月11日におこなう「独身の日」セールは世界的な注目を集めていて、2019年には2684億元（4兆2000億円）の売上となった。2020年度の売上高はアリババクラウドや小売事業が好調で5097億元（8兆6000億円）。

一代で巨万の富を築いたジャック・マーの後を継ぎ、「アリババ」の会長に就任したダニエル・チャン。国内外でほぼ無名のこの男は、中国の経済成長を象徴する巨大企業の未来をどのように描いているのか。その知られざる素顔と経営戦略に米経済誌が迫った。

アリババの未来につながる「秘密の計画」

数年前、ダニエル・チャンは上海にある地下のガレージで数ヵ月間も同僚と「秘密の計

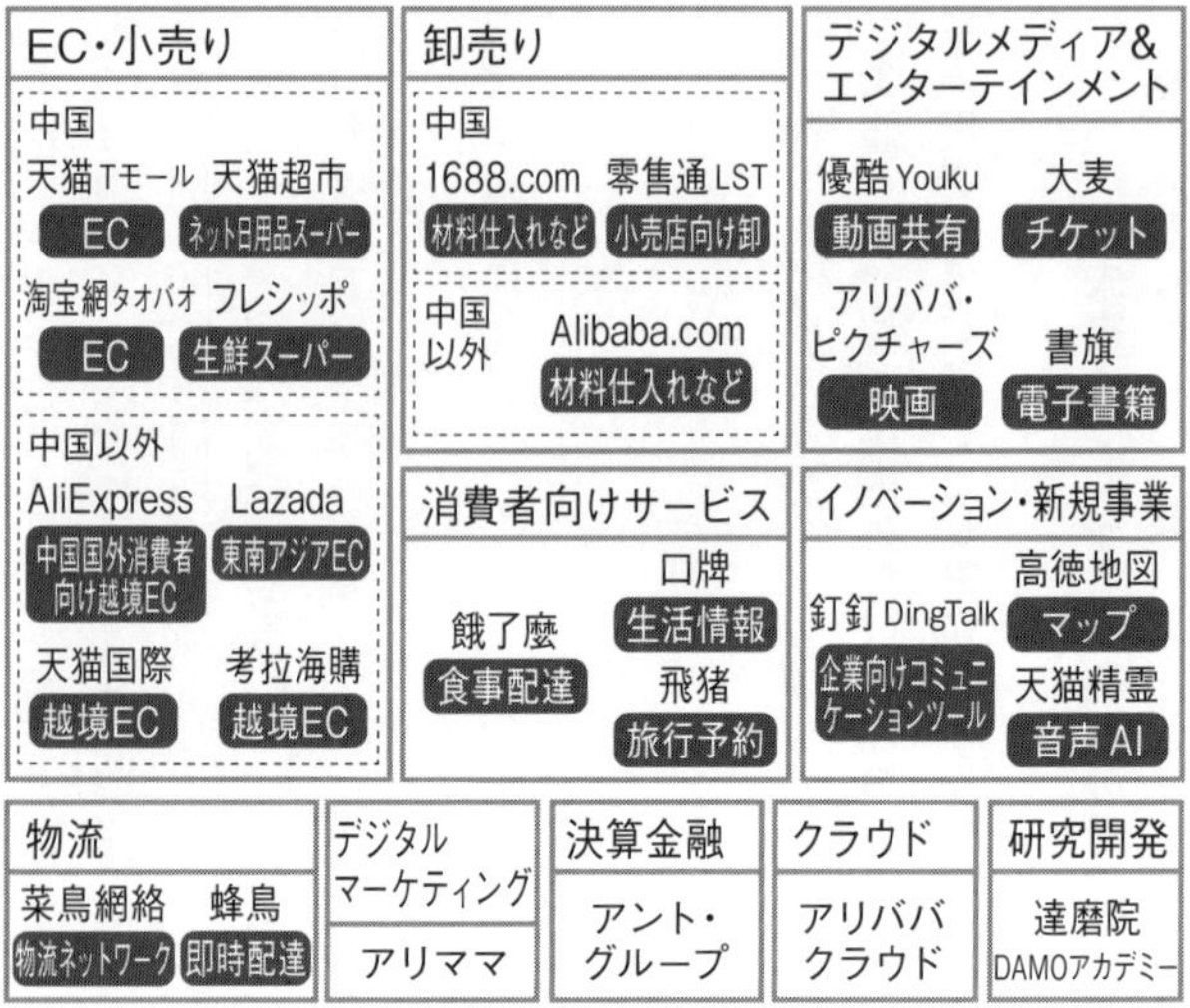

（『日経ビジネス』2021年4月5日号をもとに作成）

アリババグループ

画」について協議を重ねていた。

中国のEC最大手「アリババ」のCEOを務めるチャンは、配送アプリを利用できるスーパー兼飲食店のサービスを立ち上げたいと考えていた。ロボティクスと顔認証システムを利用したその新規事業は、アリババの物流と決済技術を向上させるはずだ——当初、彼のそんなビジョンを、多くの同僚がバカにしていた。

その後、「フレシッポ」と名づけられたこの会員制スーパーは、いまや中国の17都市で150店舗を構える。この事業は、チャンの描くアリババの未来の青写真になっている。

杭州にある店舗を覗くと、天井に

設置されたカートが軌道を自動的に往復し、オンライン注文の商品をピックアップしている。半径3キロメートルの場所に受注後30分で商品を届けるというミッションを達成するため、配達員らが待機していた。

無名の後継者

２０１９年、47歳になるチャンは、中国で最も有名な実業家の後を継ぐという誰もうらやましくない役目を引き受けた。２０１５年にアリババのＣＥＯに抜擢された彼は、２０１９年９月10日にアリババの新会長に就任。共同創業者のジャック・マー以来、ＣＥＯと会長を兼務するのはチャンが初めてだ。

マーは各国首脳との親密な交流や、「世界経済フォーラム」といった国際会議での情熱的なスピーチで世界的に知られている。一方のチャンは華奢で穏やかな話し方。投資家との電話ではたどたどしい英語で交渉を進める。

国外どころか中国においても、チャンはほぼ無名だ。アリババ本社で従業員の親に用務員と間違えられたことすらある。

だが、一見地味なチャンもじつはマーと同じくらい急進的なことは間違いない。チャンによればアリババは、オンラインとオフラインを融合させた新しい消費体験「ニューリテール」を実現できる数少ない企業の一つだ。さらに金融、ヘルスケア、映画、音楽などの分野でも事業を積極的に広げていく予定だという。

アリババを〝破壊〟するのはアリババ

こうした事業拡大の動きは、アメリカでは一部の投資家を困惑させている。だがチャンにとっては、アリババの生き残りを左右する重要な挑戦なのだ。杭州市にあるアリババ本社でおこなわれた、本誌「ブルームバーグ・ビジネスウィーク」の独占インタビューの最中に彼は次のように話した。

「すべての事業には、ライフサイクルがあります。我が社が自社の既存の事業を破壊しなければ、他社がやるでしょう。私はアリババの新規事業によって既存の事業を破壊したいのです」

ジャック・マーはアリババを中国最大の上場企業にした。その時価総額は2019年で4820億ドル（約53兆円）に達する。だが、ここ数ヵ月は同社にとって試練の時期だった。中国の経済成長は減速気味で、消費者支出も広告支出も減少している。

さらに、6月から続く香港での抗議活動によって、200億ドルの調達を見込んでいた香港証券取引所での株式公開の延期を余儀なくされた。

アリババに投資するベンチャーキャピタル「リード・エッジ・キャピタル」で役員を務めるミッチェル・グリーンは、「チャン氏は収益増大の新たな種を見つける必要がある」と話す。

もっともグリーンによれば、チャンはすでに「多くの種をまいている」ようだが――。

どんな有名企業も「絶対」じゃない

中国のEC最大手「アリババ」の新会長ダニエル・チャンは、上海で生まれ育った。会計士の父に倣い、上海財経大学に入学。卒業後はエリート街道まっしぐらかと思われたが、そのキャリアは決して順風満帆ではなかった。

チャンが、長い歴史を持つ英投資銀行ベアリングスの面接を受けている最中、同行が経営破綻したのだ。その後、米大手会計事務所アーサー・アンダーセンの関連会社で監査人の職を得たが、米エンロン社の不正会計事件によって勤め先も経営破綻に追い込まれる。チャンは若くして有名企業も決して絶対ではないという「真理」を身をもって体験したという。

その後チャンは当時、中国最大のインターネット企業だった「シャンダ・インタラクティブ」のCFO（最高財務責任者）に就任。その時代に、アリババの共同創業者で現副会長のジョセフ・ツァイに出会う。2007年のことだった。

2019年、NBAリーグのブルックリン・ネッツを35億ドル（約3776億円）で買収したツァイは、チャンの才能を次のように評する。

「ダニエル（・チャン）ほどビジネスを理解している人はいません。自分が破壊しようとしているものを真に理解していなければ、破壊は不可能ですから」

タオバオは大赤字！

アリババに入社したチャンは、めきめきと頭角を現していく。その頃、同社の主力事業は通販サイト「タオバオ（淘宝網）」だった。だが、米「イーベイ（eBay）」を模した同サイトは、コピー商品であふれ、赤字を垂れ流していた。その当時の心境をチャンは次のように語る。

「財務諸表を初めて見たとき、『これは大変だ！』と思いました。収入は？　ゼロ！　純利益は？　大赤字！　さらに貸借対照表を見たら、会社の財政状態がかなり悲惨であることがわかりました」

2008年、チャンはB to Cの通販サイト「テンマオ（天猫）」の責任者になる。同サイトの出店企業をつなぎとめるためにチャンは、誰が何を買い、どこに住み、どんな種類の広告が最も効果をあげているかといった詳細な顧客情報の提供を始めた。

その甲斐あってテンマオの売上は急増。チャンは、P&G社の洗剤ブランド「タイド」や化粧品ブランド「SK-II」といった人気ブランドを時間をかけて口説き落とし、出店させることに成功した。さらに偽物を検出するソフトウェアや違反報告用ホットラインサービスを導入し、コピー商品の摘発に誠意をもって対応することでサイトの信頼性を回復していった。

タオバオは依然として米政府の「要注意ECサイト」リストに掲載されているが、テンマオは現在アリババで最も利益をあげているECサイトに成長した。

「独身の日」誕生の裏側

そして2009年、ECサイト業界に革新が起きた。チャンと彼のチームが初めて「独身の日」セールを敢行したのだ。それまで特別に何の意味もなかった11月11日を、独身を祝って盛大に買い物をする記念日に仕立て上げた。

チャンはこのイベントに参加するよう数ヵ月にわたり出店企業を説得し、サイトの開発から宣伝、人気店の目玉商品の選定などイベントのすべてを監督した。2年目は1億3500万ドルだった売上は、5年目には58億ドルを突破。2018年の総売上は310億ドルに達した。これは、アメリカの「ブラック・フライデー」の売上をはるかに上回る数字である。

『アリババ：ジャックが建てた家（Alibaba: The House That Jack Ma Built）』（未邦訳）の著者ダンカン・クラークは「テンマオと独身の日が、いまのアリババの成功を築いた」と指摘する。

アリババの取締役を務め、ヤフーの共同創業者であるジェリー・ヤンは、チャンの控えめな姿勢が同社の成長に貢献していると話す。

「ダニエルの業績は言葉よりも雄弁です。彼にとっては『実行』がすべてなのです」

食料品の小売部門は前途多難

フレシッポのような子会社は、ジャック・マーが提唱した「ニューリテール」戦略の一環だ。同戦略は、テクノロジーとデータを駆使し、オフラインとオンラインの世界を統合して顧客に新しい小売体験をもたらすことをめざしている。

2つの業態を組み合わせるという発想は、「フレシッポ」のCEOホウ・イによるものだ。2014年にチャンに初めて会ったとき、ホウは起業するつもりだった。チャンはコーヒーを飲みながらアリババに加わるようホウを説得し、フレシッポの最初の2年間の運転資金として1億ドルを用意したという。当時の様子をホウは次のようにふりかえる。

「そのとき、ダニエルの意気込みを感じました。フレシッポはダニエルにとってスタートアップのようなもので、最終的にはテンマオを超える可能性を秘めていると話していました」

だが、フレシッポの成功は保証されたとはいいがたい。食料・日用雑貨のビジネスの利幅は非常に薄く、豊富な資金のある新興企業が競合になっている。

アリババが買収した食品デリバリーサービス大手「Ele.me」も、いまのところ赤字を垂れ流している。食品デリバリーの競合企業「メイトゥアン」の創業者ワン・シンは「現在の投資額では、アリババは競合と戦いつづけることはできない。2020年（記事は2019年）までもたないだろう」と語った。

ライバルは「ジャック・マーの記憶」

とはいえ、チャンはワンの主張は間違っていると主張する。アリババはデジタル決済サービスなどの小売ビジネスで優位に立つため、食品配送サービス市場で50％以上のシェア獲得に邁進しているという。

また、最大の課題は海外展開だ。マーはいずれ中国以外の国・地域での利益が半分以上に達することを目標に掲げていた。当然チャンもこの目標を追求するというが、現在の海外での売上は目標達成にはほど遠い。

東南アジアで事業を拡大するため、アリババは同地域最大級のＥＣサイトを運営するシンガポール企業「ラザダ・グループ（Lazada Group）」にすでに40億ドルをつぎ込んでいるが、インドネシアなどの主要市場で苦戦している。

中国での需要の急増と資本市場の回復により、アリババの投資事業は順調に見えるが、現状維持は難しいだろう。チャンが２０１５年９月にＣＥＯに就任した時点から２０１８年６月までで同社の株式は３倍ほどになったが、その後、株価は15％ほど下落している。

新構想はチャンにも犠牲を強いている。午前９時から午後９時まで週６日働く中国のハイテク業界の基準（これを「９９６」と呼ぶ）に照らし合わせてみても、彼のスケジュールは過酷だ。

チャンの元同僚によれば、１週間の大半を彼は仕事だけに費やしている。プライベートはなく、それ以外の時間は食べて寝るだけ。週末には、複数の経営者と会い、ネットワークの構築にも余念がない。

競合企業だけでなく、チャンは「ジャック・マーの記憶」とも闘わなければならない。事業が困難に直面し、伝説的な創業者へのノスタルジーが社員の心に入り込んできたとき、後継者は割を食うものだと、イェール大学経営大学院でリーダーシップ研究をするジェフリー・ソネンフェルドは指摘する。

「創業者の後を継ぐのは大変な重責です。その人物が世界的な名声を有する場合は、なおさらでしょう」

シリコンバレー
クリーンテック2.0というルネサンス

「失敗のリスクがあっても、最先端に投資すべき」

ビル・ゲイツらはクリーンエネルギー技術に投資する
「ブレークスルー・エナジー・コアリション」を設立
シリコンバレーの名士らが取締役に名を連ねる
Photo : Getty Images for All in WA

« Clean tech 2.0 : Silicon Valley's new bet on start-ups fighting climate change » Financial Times 21/3/25, Text by Henry Sanderson

「シリコンバレーで再び『クリーンテックへの投資』が大ブームになっている」COURRIER JAPON 21/6/23

温暖化ガスの排出による気候変動や、枯渇性エネルギーを使うことによる環境汚染など、私たちは今さまざまな問題に直面している。地球規模の課題に世界各国が対策を取ろうとするなか、再び注目が高まっているのが「クリーンテック」だ。

再生可能エネルギーや持続可能性のある燃料の開発に力を入れるベンチャー企業に、シリコンバレーの投資家たちはこぞって熱視線を注いでいる。

太陽光発電の立役者は中国

マーティン・ロッシュアイゼンは、グーグル創業者らが出資するスタートアップの経営者として、太陽光発電の最前線で活躍していた。この会社は化石燃料よりも安価に電力を生成できる太陽光発電を実現することで、世界にグリーン革命を起こそうとしていた。

オーストリア出身のロッシュアイゼンは、スタンフォード大学でグーグルのラリー・ペイジやセルゲイ・ブリンらとコンピュータサイエンスを学んだのち、ドットコムブームとその崩壊を目の当たりにした。シリコンバレーの投資家に富をもたらす次の革命として、彼が注目したのはグリーンエネルギーだ。

「多くのベンチャーキャピタリストがクリーンテックを有望な投資領域とみなし、投資を始めた」と、彼は当時をふりかえる。「市場はすぐに飽和状態になった」

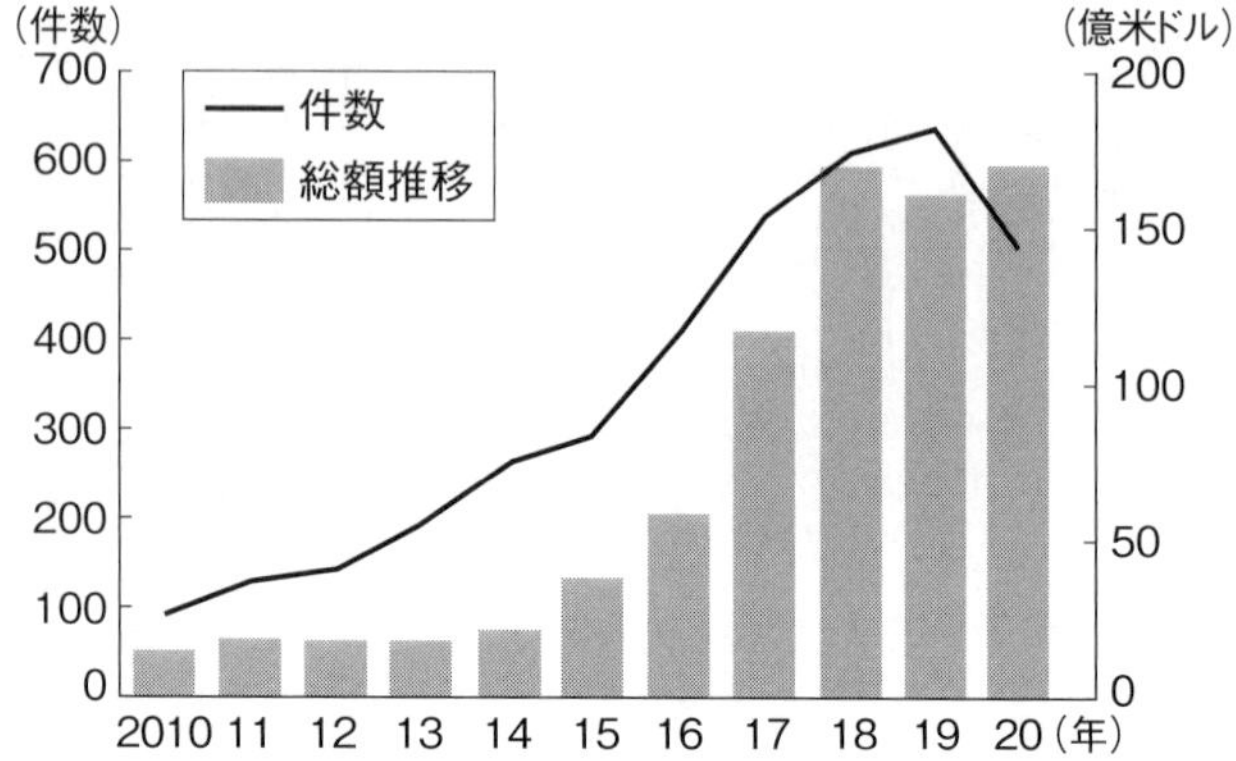

(Financial Times 2021年3月25日付をもとに作成)

クリーンテック・スタートアップへのベンチャーキャピタルの投資

太陽光発電はやがて世界で最も安価な電力源となったが、その立て役者はシリコンバレーではなく、中国だ。政府の支援を受け、中国企業が太陽電池パネルの生産を急拡大した結果、この10年間で太陽光発電のコストは80%も低下した。ロッシュアイゼンのスタートアップはシリコン太陽電池パネルの代替品を発明したが、２０１３年に破産した。現在、彼が経営するのは合成ダイヤモンドの製造会社だ。

　金融危機後、中国政府は大量の資金、土地、インセンティブを国内の太陽光発電企業、風力発電企業、電池企業にばらまいた。中国の生産規模が急拡大したことで、ロッシュアイゼンの太陽電池パネル会社をはじめ、クリーンエネルギー分野の初期のスタートアップは軒並み経営不振に陥った。プライスウォーターハウスクーパースの分析によれば、ベンチャーキャピタルは2006〜2011年にクリーンテック分野に250億ドルを投資したが、その約半分を失ったという。その後、各社は限られた資本でも迅速な成長を期待できるアプリやソフトウェア、人工知能の開発会社に資金を投じるようになった。

しかし、中国が実現した太陽光発電の拡大と風力発電、電気自動車用バッテリー分野におけるコスト削減は、クリーンエネルギー投資の新たな波、すなわち「クリーンテック2・0」の基礎を築いた。

今日では、新しい電力貯蔵技術から持続可能な航空燃料、培養肉、低炭素型コンクリートまで、さまざまな再生可能エネルギーの生産者や気候変動分野の企業に投資マネーが流れ込んでいる。この10年間に数十社が特別買収目的会社（SPAC）と合併するかたちで米国の証券取引所に上場し、数十億ドルを調達した。昨年上場したサンノゼに本社を置く電池開発のスタートアップ、クアンタムスケープの評価額は210億ドルだ。バンク・オブ・アメリカの試算では、脱化石燃料の恩恵を受ける上場企業の資産総額は6兆ドルに達する。

よく言われるように、研究レベルのテクノロジーを大衆市場向けの製品、具体的には二酸化炭素排出量を世界レベルで削減できるようなものを低コストの量産品に落とし込むことは難しい。実現までに、何年もかかる可能性さえある。これは過去10年間に多くの投資家が身をもって学んだ痛い教訓だ。しかし今回は違う、とアナリストは言う。今日の起業家たちははるかに広範な問題に取り組んでおり、事業の脱炭素化を誓約している大企業も支援を惜しまないからだ。今世紀半ばまでに温室効果ガスの排出量を実質ゼロにするという中国政府やEU諸国政府の約束も、この種の商品の市場を支えている。また、ジョー・バイデン米大統領も、前回の大統領選挙ではグリーンエネルギーに2兆ドルを投じることを公約に掲げていた。

「今や気候変動の影響はあらゆるものに及んでおり、企業はこの問題を（太陽光発電のような）特定のセクターではなく、より広い視野から捉えるようになっている」と指摘するのは、気候とイノベーションに関するニュースレター「クライメット・テックVC」を運営する投資家のソフィー・パードムだ。「個人も企業も経済も、気候変動を自分の問題として捉えるようになっている。以前はプレゼン資料に貼り付けられたイメージ図でしかなかったものが、今は導火線に火が付いた時限爆弾のように感じられるのだ」

失敗がもたらした教訓

2007年、シリコンバレーのベンチャーキャピタル、クライナー・パーキンスのパートナーのジョン・ドーアは「ＴＥＤトーク」でこう語った。「グリーンテクノロジー、つまりグリーン化のインパクトはインターネットをしのぐ。これは21世紀最大の経済機会となる可能性がある」

クライナー・パーキンスだけでなく、世界中のベンチャーキャピタルがこぞって太陽光発電分野のスタートアップや電池メーカーに何百万ドルもの資金を投入した。投資を受けたスタートアップの一つ、Ａ１２３システムズは２００９年に上場し、評価額は19億ドルを超えた。非シリコン系太陽光パネルを開発する米カリフォルニア州のソリンドラは約10億ドルを調達し、さらに米政府からも5億３５００万ドルの融資を獲得した。

２００８年、シリコンバレーの著名な投資家で資産家のビノッド・コースラは、「太陽光発電の最先端はシリコンバレーだ」と豪語した。

しかし、中国がこの分野で生産を強化すると状況は一変する（生産活動の大半は中国政府が少数民族に強制労働を課していると批判されている北西部の新疆ウイグル地区でおこなわれている）。太陽電池の原料となるポリシリコンが世界規模で値崩れし、米国のベンチャーキャピタルが支援していた革新的技術に対するニーズは消滅した。２０１５年には、世界で使用されている太陽光パネルの大部分が中国製となった。

シリコンバレーが支援していた企業はほぼすべて破産した。２０１３年には、中国の太陽光発電企業ハネジーがクライナー・パーキンスの支援を受けていた太陽光発電分野の有望なスタートアップ、ミアソレを買収。電池分野では中国の自動車部品メーカー、万向集団がA123システムズを2億5700万ドルで買収した。

「それはベンチャーキャピタルによる過剰投資が生み出したバブルとその崩壊だった」と、ボストンのスプリング・レーン・キャピタルのパートナー、ロブ・デイは言う。

ロッシュアイゼンは2010年に自分の会社を去ると、片道切符を持って中国に向かった。クリーンエネルギー分野の技術競争において、中国が圧倒的な成功を収めた理由を知るためだ。現在のロッシュアイゼンは、増産を通じてクリーンエネルギー技術を地道に改善していくよりも、世界の耳目を集める画期的な技術革新を追い求めるシリコンバレーの「ムーンショット」アプローチを批判している。

しかし、こうした初期の失敗が世界の資産家たちの投資意欲を冷え込ませることはなかった。2015年、ビル・ゲイツはベンチャー投資の流れを変えようと決意する。この年、パリで開催された気候変動サミットに世界の首脳が集結すると、ゲイツはアマゾン創業者のジェフ・ベゾスやリチャード・ブランソンといった資産家の友人たちにメールを送り、クリーンエネルギー技術に投資する「ブレークスルー・エナジー・コアリション（BEC）」の設立を呼び掛けた。

ＢＥＣは２つのベンチャーファンドを通じて20億ドルを超える資金を調達した。この資金は、２０５０年までに世界の二酸化炭素排出量を実質ゼロにすることをめざし、グリーン水素から核融合発電まで、さまざまなクリーンテック分野のスタートアップ数十社に投じられた。ファンドの取締役会にはコースラやドーアといったシリコンバレーの名士たちも名を連ねる。

ファンドの創設パートナーで、Ａ１２３システムズ等のベンチャーに参加した経験も持つカーマイケル・ロバーツによれば、同ファンドは初期の失敗から学び、現在は厳格な投資基準を定め、20年という長期的なスパンで投資しているという。同ファンドが投資するのは、年5億トンの温室効果ガス削減効果が期待できるスタートアップのみだ。年5億トンというのは、世界全体の二酸化炭素排出量の１％に相当する。

「今、この分野では無数の新しいビジネスが生まれている」と、ロバーツは言う。「クリーンテック１・０は既存の産業と結びついていたが、今、起きているのは一種のルネサンスだ」

技術面のリスク

前回のクリーンテックブームでは、多くのスタートアップが消えていった。その理由は、技術的な問題ではなく、資金調達の選択肢が乏しかったところにあるとロバーツは言う。しかし、今回はSPAC、さまざまなベンチャーキャピタル、ベンチャー投資部門を持つ大手事業会社など、スタートアップが利用できる資金源は豊富にある。例えば、先月はブラジルの鉄鉱石企業ヴァーレが、低炭素型の鉄鋼生産に取り組むスタートアップ、ボストン・メタルへの投資を発表した。

「前回のブームと比べると、企業ははるかに広い範囲で協業するようになっている」と、ロバーツは言う。「私たちは多くを学び、投資家もはるかに賢くなった」

コースラが投資した太陽光企業の一部は中国の市場支配後に破産したが、彼はその後もクリーンテック分野への投資を継続している。彼が指摘するように、前回のクリーンテックブームではすべてのスタートアップが破綻したわけではない。例えば、イーロン・マスクが立ち上げた電気自動車メーカーのテスラは成功を収め、今や他の起業家たちのロールモデルだ。

「私はクリーンテック1・0を失敗とは考えていない。スタートアップ100社に投資して、1000倍の利益をもたらすのは1社程度。ベンチャー投資とは、そういうものだ」とコースラは言う。

クリーンテックは、グーグルやアップル、フェイスブックに匹敵する高収益企業を生み出す可能性があるとコースラは言う。これらの大企業は、今やクリーンエネルギーへの大口投資家という顔も持つ。問題は、クリーンテックの開発は創薬と同じように長期に及ぶ点だ。しかしこのセクターには、低炭素型セメントや代替航空燃料といった未完成の技術を持つスタートアップ企業を積極的に買収しようとする既存の市場や企業がない、とコースラは指摘する。

「既存の石油・ガス企業は、新しい分野に飛び込み、時代を先取りしようとするのではなく、新しい技術と戦う傾向があった」と彼は言う。「その背景には、新しい技術に対する恐れがある。こうした企業は太陽光発電所には投資するが、もはや太陽光発電や風力発電にリスクはない。つまり、リスクを取っていないのだ」

ゲイツとコースラは最近もクリーンテック分野の投資に失敗している。2人はアクイオン・エナジーという塩水電池のスタートアップに投資したが、同社は2017年に破産し、中国企業に買収された。コースラは科学者のダニエル・フォンが立ち上げた空気エネルギー貯蔵のスタートアップ、ライトセイル・エナジーにも出資したが、同社も同年に破産を宣言している。

「失敗のリスクがあっても、最先端の技術に投資していくべきだ」と、ロバーツは言う。「クリーンテック2・0では失敗のリスクが大幅に低下している、とは言わない。以前よりも多くはないにせよ、同程度の技術的リスクは取っているが、システミックリスクは全体に低減している」

脱炭素化は一方通行の道

近年のＳＰＡＣ人気は、ベンチャーキャピタルには投資を回収する新たな方法を、スタートアップにはさらなる資金調達と生産拡大の手段をもたらした。この1年間に気候分野では40社がＳＰＡＣと合併している。ブレークスルー・エナジー・ベンチャーズとコースラが支援する電気自動車用バッテリーのスタートアップ、クアンタムスケープはその一例だ。

しかし、クリーンテック企業の株価が急騰すると、アナリストたちはバブルの崩壊は近いと警告しはじめた。バブルがはじけ、損失が拡大すれば、投資家はこのセクターへの投資を再び控えるかもしれない。クリーンテック専門の投資会社エナジー・インパクト・パートナーズがまとめた指標によれば、今年のナスダック総合指数の値上がり率は48％だったのに対し、クリーンエネルギー分野のテクノロジー企業の株価は１３７％値上がりした。

「この活況が数兆ドル規模のクリーンテック経済の盛り上がりではなく、単なるマネーゲームに終わるなら、いずれ成長にはブレーキがかかるだろう」と、コースラは言う。彼は先月、買収を見据え４つのＳＰＡＣの設立を申請した。

「商業的に成功し、きわめて高い評価額を得ている企業はたくさんある」と、スプリング・レーン・キャピタルのデイは言う。「こうした企業を見るたびに思うのは、重力の法則は今も働いており、企業は遅かれ早かれ基本に返らなければならないということだ」

サンフランシスコに本社を置くオビアス・ベンチャーズのマネージングディレクター、アンドリュー・ビービによれば、気候変動がもたらす最悪の影響の回避は急務であり、クリーンテック業界には投資家とのつながりを再び失う余裕はない。

「クリーンテック2・0が失敗と評される未来が来るとは思えない」と、ビービは言う。彼のキャリアの出発点は太陽光発電企業のサンテックだ。同社の製造子会社は2013年に破産した。

ビービは続ける。「そのような未来は来ない。現在の脱炭素化の流れは、いわば一方通行の道だ。もし選択できるなら、私たちはガソリン車には戻らないし、石炭火力の工場にも戻らない。汚れた空気や不健康な生活環境にも戻らない。この10年間で学んだことは、ほぼあらゆる領域で、私たちには選択肢があるということだ」

N.D.C.335.5　278p　18cm
ISBN978-4-06-524525-5

講談社現代新書　2625

変貌《へんぼう》する未来《みらい》　世界企業《せかいきぎょう》14社《しゃ》の次期戦略《じきせんりゃく》

二〇二一年七月二〇日第一刷発行

編　者　クーリエ・ジャポン　
発行者　鈴木章一
発行所　株式会社講談社
東京都文京区音羽二丁目一二―二一　郵便番号一一二―八〇〇一
電　話　〇三―五三九五―三五二一　編集（現代新書）
〇三―五三九五―四四一五　販売
〇三―五三九五―三六一五　業務
装幀者　中島英樹
印刷所　豊国印刷株式会社
製本所　株式会社国宝社
本文データ制作　講談社デジタル製作
定価はカバーに表示してあります　Printed in Japan

「講談社現代新書」の刊行にあたって

教養は万人が身をもって養い創造すべきものであって、一部の専門家の占有物として、ただ一方的に人々の手もとに配布され伝達されうるものではありません。

しかし、不幸にしてわが国の現状では、教養の重要な養いとなるべき書物は、ほとんど講壇からの天下りや単なる解説に終始し、知識技術を真剣に希求する青少年・学生・一般民衆の根本的な疑問や興味は、けっして十分に答えられ、解きほぐされ、手引きされることがありません。万人の内奥から発した真正の教養への芽ばえが、こうして放置され、むなしく滅びさる運命にゆだねられているのです。

このことは、中・高校だけで教育をおわる人々の成長をはばんでいるだけでなく、大学に進んだり、インテリと目されたりする人々の精神力の健康さえもむしばみ、わが国の文化の実質をまことに脆弱なものにしています。単なる博識以上の根強い思索力・判断力、および確かな技術にささえられた教養を必要とする日本の将来にとって、これは真剣に憂慮されなければならない事態であるといわなければなりません。

わたしたちの「講談社現代新書」は、この事態の克服を意図して計画されたものです。これによってわたしたちは、講壇からの天下りでもなく、単なる解説書でもない、もっぱら万人の魂に生ずる初発的かつ根本的な問題をとらえ、掘り起こし、手引きし、しかも最新の知識への展望を万人に確立させる書物を、新しく世の中に送り出したいと念願しています。

わたしたちは、創業以来民衆を対象とする啓蒙の仕事に専心してきた講談社にとって、これこそもっともふさわしい課題であり、伝統ある出版社としての義務でもあると考えているのです。

一九六四年四月　野間省一